W0220140

# AMOUR ET GRAPHOLOGIE

## OUVRAGES DU MÊME AUTEUR

La nouvelle graphologie. *Éditions Tchou et Sand 1981.*

Dictionnaire de graphologie. *Éditions Garancière 1985.*

Les secrets de votre caractère. *Éditions Garancière 1985.*

Dictionnaire Marabout des rêves. *Éditions Marabout 1981.*

Connaissez-vous par les formes de votre visage. *Éditions Marabout 1983.*

Connaissez-vous par votre écriture. *Éditions Marabout 1987.*

Coffret Alpha-Test. *Éditions S.M.I.R. 1982.*

3 000 mots d'amour. *Éditions Marabout 1986.*

3 000 citations du bonheur. *Éditions Marabout 1987.*

Elle et lui en 3 000 citations. *Éditions Marabout 1987.*

Connaissez-vous par votre signature. *Éditions Deusto/Bilbao, en langue espagnole.*

Connaissez-vous par les formes de votre visage. *Éditions en langue espagnole pour le Mexique et l'Amérique latine.*

Guide de graphologie. *Éditions Lidium-Buenos Aires, en langue espagnole.*

Logiciel-Expert de caractérologie et de graphologie (graphogramme et morphogramme) pour I.F.M.I. (Institut Frédéric Maisonblanche International).

LUC UYTTENHOVE

# AMOUR ET GRAPHOLOGIE

Dessine-moi une lettre,
je te dirai comment tu aimes

RMC EDITION

© Les Éditions de Radio Monte-Carlo, 1988.

*Tous droits de reproduction, de traduction et d'adaptation réservés pour tous les pays.*

# PRÉFACE

La vie à deux est le cœur de l'existence.

Et la première question qui se pose est : « Comment réussir sa vie de couple ? Comment vivre ensemble en bonne intelligence dans la paix du cœur et l'épanouissement des corps ? »

Cette interrogation, à laquelle il convient de répondre avant de dire « oui » à un mariage, suppose de savoir si *nous sommes faits* pour une vie à deux. Il est faux de croire que tout le monde peut vivre « sous le même joug » (c'est l'étymologie du mot conjugal). Il existe des êtres indépendants, viscéralement et psychologiquement, qui malgré leur amour sincère et profond pour leur partenaire, leur bonne volonté de s'installer dans une vie à deux, sont incapables de se sentir, de se croire et de rester « liés ». Leur instinct d'indépendance est tellement développé qu'ils ne peuvent supporter aucune liaison à temps complet.

A quoi reconnaît-on qu'une personne est ou n'est pas *mariable ?*

Le meilleur moyen semble évidemment l'expérience. Comment, en effet, être sûr de quelque chose si l'on n'en fait pas l'essai ! Or, ce type d'union promet trop souvent des larmes et des regrets. Autant éviter de faire souffrir un ou une partenaire qui, en tout amour et toute confiance, s'est donné corps, âme et cœur, et qui n'en peut mais des problèmes psychologiques de l'autre.

Une autre solution est de faire « des essais ». Sinon, il reste la réflexion, la consultation avec un psychologue et, pourquoi pas, la graphologie, remarquable outil de détection des tendances profondes.

Après avoir répondu à la question : « Suis-je fait pour une vie de couple ? », il convient d'en résoudre une autre, qui intéresse autant la philosophie que la biologie ou la psychologie. « Faut-il jouer la carte de la complémentarité ou celle de la similitude ? »

On dit que les extrêmes s'attirent. C'est le cas de l'homme et de la femme — il en existe beaucoup — qui ne peuvent coexister que dans la situation de l'aimant et de l'aimanté.

Cette théorie de l'attraction mutuelle est cependant une pieuse excuse pour se convaincre que la passion que l'on éprouve pour telle personne, et dont on essaie de se libérer pour toutes sortes de motifs raisonnables, est une fatalité : « Que voulez-vous que j'y fasse, je suis invinciblement attiré... »

Il est certain que la « personnalité » des instincts peut tromper la raison et la volonté. Elle devine ce qui, chez l'autre, complète ce qui manque en soi. Ce phénomène, dit de la complémentarité, est illustré par le symbole de la pomme dont nous sommes une moitié et dont nous cherchons l'autre. Reste à trouver qui est et où se trouve la personne qui possède l'autre moitié.

Certains s'obstinent à croire que seule la complémentarité peut conduire à une union équilibrée et harmonieuse. Ils cherchent toute leur vie leur « moitié ». Or celles qu'ils trouvent ne sont que rarement à leur dimension. Et la pomme espérée, avec ses moitiés mal accordées, reste toujours inachevée, ce qui fait la part belle aux pépins!

En fait, les composantes de la réponse à l'interrogation : « Le meilleur couple est-il celui qui associe des contraires complémentaires ou des ressemblances? », sont multiples. Il faut une attirance sexuelle mutuelle, basée en principe sur une différence génétique homme-femme; ce qui fait au moins un contraire complémentaire. Il faut une éducation, une culture identique, et des goûts communs pour nombre de plaisirs quotidiens; ce qui implique des ressemblances. Il est d'autre part préférable que les partenaires aient des tempéraments et des traits de caractère analogues; ce qui fait le jeu de l'identité. Il faut surtout que les sensibilités — à ne pas confondre avec l'émotivité — soient similaires. Mais il n'est pas inutile que quelques contraires s'insinuent, afin de vivifier les qualités ou de remédier aux éventuelles faiblesses de l'un et de l'autre; c'est ce qui s'appelle de la complémentarité utile.

Bref, il faut être différent physiquement, se ressembler suffisamment, se compléter harmonieusement et continuer à se plaire infiniment! En un mot, être en état de grâce amoureuse...

L'attraction entre les êtres est soumise à deux types de paramètres, les uns conscients, les autres inconscients. Ils se combinent le plus souvent, ce qui rend difficile leur diagnostic. Ainsi, tel homme sera attiré par telle femme car elle a de longs cheveux blonds, des yeux bleux, un visage enfantin, une bouche menue, un corps souple et une grâce délicieusement féminine. Or cette attraction résulte d'une

superposition entre l'aperçu des particularités physiques de la jeune femme et l'éveil de correspondances tout à fait subjectives entre ces particularités et des traits de caractère supposés.
La théorie des archétypes joue : des yeux bleus signifient féminité rêveuse, beauté de l'âme, soumission infinie, mystère féminin exempt d'épines... sans oublier le souvenir mémorisé dans l'inconscient, de personnes déjà vues et aimées, notamment pendant la petite enfance.
Il y a toujours dans l'album de souvenirs d'un homme les photos d'une mère idéale, d'une femme aperçue ou rêvée; et il y a toujours dans l'album d'une femme les photos d'un père idéal, d'un homme aperçu ou rêvé... Cela fait beaucoup d'images à concilier!
Pour un graphologue, les formes de l'écriture, parce qu'elles sont à base de symboles, sont d'un grand intérêt pour pénétrer dans l'inconscient humain. Indépendamment des formes, les dimensions, les directions, les inclinaisons et même la pression donnent des indications précieuses sur les tempéraments, la vitalité, l'épanouissement ou les blocages de la sexualité.
La graphologie, parce qu'elle s'intéresse aux caractéristiques spécifiques à chacun des partenaires, explique le pourquoi et le comment des choix, des attirances, définit sur quels critères une compatibilité harmonieuse peut s'établir.
Enfin, dans la mesure où elle explique ce qui est, la graphologie peut prévoir ce qui sera. Il s'agit là bien entendu de prévisions générales, et qui ne doivent surtout pas être prises au pied de la lettre...

# INTRODUCTION

## Quelques propos sur l'amour

Y a-t-il un déterminisme dans le domaine de l'amour? On pourrait le croire au regard des inégalités que l'on observe autour de soi. Tel couple s'aime depuis toujours, tel autre ne s'aime plus depuis longtemps; tel homme aime une femme qui ne l'aime pas ou plus, telle femme reste seule, désespérée de constater que les hommes la fuient. Pourquoi Lui et pas Elle, pourquoi Eux et pas Nous?
Pour trouver des réponses personnalisées, il faut savoir que le potentiel affectif et amoureux n'est pas identique chez tous les êtres. D'autant qu'il s'enrichit de composantes qui sont également très personnelles comme la sexualité, la confiance en soi, la sensibilité, les capacités de communication, les humeurs...
Par ailleurs, ce potentiel « inné » doit être envisagé en fonction d'une multitude d'influences : celles de l'éducation, de la vie familiale et sociale, des traditions, celles des lectures et des fréquentations recherchées ou subies, et enfin celles de tous les médias.
Reste à savoir comment le « mesurer ».

## Définir l'amour : une question de dosage...

Le potentiel, ou capital, affectif, amoureux et sexuel, résulte de la « programmation » dans le cerveau d'une combinaison d'aptitudes et d'envies, d'instincts et de pulsions. Cette programmation fonctionne plus ou moins efficacement selon l'état des « cellules grises ». Amour

et biologie s'associent donc, étroitement... Selon les dosages, l'éveil cérébral et physique à l'affectif sera actif ou passif, rapide ou lent, performant ou inhibé, patient ou brutal, gourmand ou ascétique, optimiste ou pessimiste...
La « définition » de l'affectif et de l'amour de chacun regroupe à la fois son potentiel affectif, amoureux et sexuel, les utilisations qu'il en fait tant au niveau cérébral que physique, et ses ambitions en la matière. Elle recouvre des tendances, des prédispositions, des qualités et aussi des faiblesses.
Il est donc nécessaire de commencer par déterminer le potentiel de chaque partenaire, puisque les manières d'envisager et de rêver l'affectif et l'amour ainsi que leurs manifestations sous forme de savoir-faire, de gestes et d'actes, y puisent leur substance et leur énergie.

## Quelques propos sur la graphologie

*Un art utile et une technique rigoureuse.*

Art, dans la mesure où l'imagination, l'intuition, la sensibilité intellectuelle du graphologue interviennent lorsqu'il s'imprègne d'une écriture, qu'il l'étudie et qu'il rédige son analyse. Il ressent les parts d'harmonie et d'esthétique contenues dans une écriture grâce à un sens particulier qui stylise l'univers graphique, au demeurant bien réel.
Utile, dans la mesure où l'art graphologique donne à réfléchir, aide à réformer des idées préconçues et, surtout, permet de se connaître mieux et plus efficacement.
Technique rigoureuse, puisqu'une analyse graphologique repose sur un savoir-faire et des procédures de travail spécifiques, des applications expérimentales et un ensemble de règles méthodiques.
Il ne convient donc pas de demander à la graphologie ce que l'on exige d'une science, soit des quantités mesurables et des certitudes. L'observation et la comparaison des écritures suppose une marge de tolérance. La détermination des dimensions, de l'inclinaison, et surtout des formes, doit être faite avec rigueur, mais sans rigidité. A défaut d'une certaine souplesse, dans la désignation d'une forme par exemple, on ne pourra jamais trancher entre tel ou tel modelé.

# Le Test des Formes des Lettres

Il existe une grande variété de tests destinés :

- à mieux se connaître et connaître les autres;
- à comprendre et accepter ses aptitudes, ses désirs et ses tendances;
- et, en dernière analyse, à devenir plus heureux puisque bien dans son personnage, authentiquement Soi.

Citons pour mémoire le test des Taches d'Encre, dit de Rorschach, celui de l'Horizon de la Mer...

Pourquoi la graphologie ne proposerait-elle pas elle aussi un test, celui des Formes des Lettres? Le terme « formes » doit être pris dans le sens d'aspect de l'ensemble du tracé. Il inclut donc la dimension, l'inclinaison et bien sûr la forme, qui sont pour les non-initiés à la graphologie, les aspects les plus visibles de l'écriture. Le Test des Formes des Lettres a l'avantage unique de faire intervenir le Consultant lui-même lors du tracé des dessins qui servent de support à l'analyse.

Les désirs, les besoins, les tendances, les instincts, toutes ces forces qui poussent l'être humain à agir, à communiquer, à aimer, à rechercher des plaisirs ou des soulagements, bref, à vivre, s'expriment sous forme de gestes. Il faudrait faire un dictionnaire des gestes comme il existe des dictionnaires de mots.

Or écrire est le geste par excellence. L'écriture fait intervenir l'esprit et le corps. En effet, le geste-écriture « obéit à un processus neuro-musculaire, à un mécanisme neuro-moteur. Il est l'expression musculaire de nos centres psychiques » (Périot).

En d'autres termes, « l'écriture est semblable à un encéphalogramme naturel dans lequel sont enregistrés les différents changements d'onde, de fréquences, la direction, l'intensité, la forme et eaucoup d'autres aspects directement mesurables de notre personnalité » (Augusto Vels).

# Le langage de l'amour : des symboles...

L'écriture est le langage de l'âme humaine comme le rêve est celui de l'inconscient. C'est plus qu'un outil de communication. Elle témoigne des contenus latents de la personnalité, véhicule les souvenirs personnels, les expériences vécues, inscrits dans l'inconscient.

Le langage de l'inconscient est à base de symboles. Ce sont eux qu'il faut interpréter, c'est-à-dire transposer en un langage accessible à la conscience.

La liaison entre écriture, lettre et symbole, s'opère ainsi. Les expériences psychiques s'inscrivent, « se dessinent » pourrait-on dire, dans des figures symboliques qui réapparaissent lorsque des événements présents réveillent des émotions vécues. A l'instant où naît l'acte-écriture, où se dessine la forme-lettre, une communication parfaite s'effectue entre l'idée, le sentiment, le fait, l'émotion consciente qui est à dire, et telle « image » mémorisée dans le psychisme humain depuis les origines et au cours des expériences passées.

L'on peut dès lors essayer d'expliquer les formes que prennent les lettres de l'alphabet. L'apprentissage scolaire donne au départ un modèle calligraphique. Ainsi, on nous enseigne que la lettre f par exemple, doit comporter un trait initial, une hampe, un jambage, un nœud central et enfin un trait final.

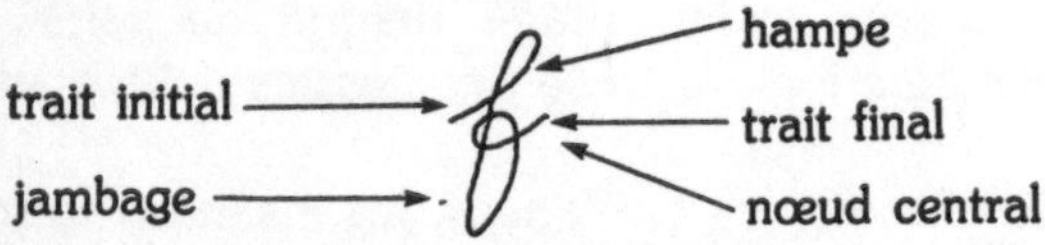


Selon l'évolution intellectuelle et psychologique de la personne qui écrit, sa maturité et son originalité, les formes de base calligraphiques sont modifiées par des formes originales provenant des images-symboles emmagasinées dans l'inconscient. La combinaison de la forme-modèle et des formes originales donne une forme personnelle, une œuvre authentique, qui contient des parts plus ou moins grandes de modèle et d'original, à moins que la lettre ne soit entièrement calligraphique ou complètement originale.

Voici quelques exemples caractéristiques :

- lettre [a] faite « en cœur » pour
- lettre [p] faite « en canne » pour
- lettre [g] faite « en hélice » pour
- lettres [f] et [t] faites « en croix » pour et

*Des clés pour faire de l'amour un art d'aimer...*

Au fond, pour réussir sa vie affective et amoureuse deux clés suffisent :

- Se connaître et bien sûr connaître l'autre.
- Comprendre les similitudes et les différences qui peuvent rapprocher ou éloigner deux partenaires.

La graphologie est le moyen le plus simple et le plus efficace pour y parvenir.
D'où le plan de cet ouvrage :
La première partie étudie la définition de l'amour que l'on peut déduire de l'écriture de chacun.
La deuxième partie analyse les similitudes et les différences entre deux personnalités à partir de leurs écritures.

PREMIÈRE PARTIE

# LE TEST DES FORMES DES LETTRES

*A chacun son écriture,*
*à chacun sa définition*
*de l'affectif et de l'amour.*

Il y a, dans la définition de l'affectif et de l'amour, deux composantes : un noyau et un « rayonnement ». Autrement dit un « potentiel », une « réserve » d'états affectifs et amoureux, et des « utilisations » de ce potentiel.

**Le potentiel affectif : un noyau d'états affectifs « matérialisés » par la lettre a...**

On peut envisager chaque état affectif comme un fruit en instance de mûrir. Il convient d'être patient... Le potentiel affectif, selon le Test des Formes des Lettres, se définit au moyen de la lettre a minuscule.

*Observation de la dimension*

La question est la suivante : la dimension des lettres a de l'écriture à analyser est-elle supérieure, inférieure ou égale à la dimension modèle moyenne?
Votre réponse sélectionne le portrait Dimension.

*Observation de l'inclinaison*

Sachant que les méthodes calligraphiques imposent une inclinaison vers la droite, la question est la suivante : les lettres a sont-elles penchées vers la droite, vers la gauche ou verticales?
Votre réponse sélectionne le portrait Inclinaison.

*Observation des formes*

Afin de simplifier les observations, sept formes principales ont été retenues : Calligraphique, Arrondie, Anguleuse, Irrégulière, Simplifiée, Serrée et Surélevée.
La question est la suivante : quelle est la formes des lettres a? Sont-elles à base calligraphique ou arrondies, anguleuses...
Votre réponse sélectionne le portrait Forme.

**Les utilisations du potentiel affectif : des idées, des rêves, des certitudes et des chansons de gestes... « matérialisés » par les lettres b, d, t, g, q, p, m, et f.**

Après avoir été défini grâce à la lettre a, le potentiel affectif, le capital amour, demande à s'exprimer et à servir. Son utilisation se fait sur deux plans :

- le mental, au moyen des lettres b, d et t
- le physique, au moyen des lettres g, p et q

La lettre m trahit les ambitions et la lettre f fournit une synthèse.

*Le plan mental :* lettres b, d et t

La lettre b explique l'utilisation « par l'esprit » du potentiel affectif, mais dans le domaine de l'imagination, du rêve, des fantasmes... Cette lettre emmagasine les expériences affectives vécues pendant l'enfance.
La lettre d définit aussi l'utilisation par l'esprit du potentiel affectif, mais dans un contexte plus conscient de réflexion et de raisonnement. Elle est plus active au niveau des idées.
Le potentiel affectif, amoureux et sexuel contient donc des composantes « rêvées » et « réfléchies ». Mais ce n'est pas tout ! Il inclut également des dispositions volontaires. La lettre t permet de découvrir l'esprit de décision, l'affirmation de soi, la part de la volonté pour affronter les obstacles, résoudre les problèmes, trouver et conserver l'harmonie et l'équilibre.

*Le plan physique :* lettres g, p et q

La lettre g révèle comment le potentiel affectif s'exprime par les faits et gestes. Cette lettre raconte les mouvements de tendresse, la part des caresses, les touchers de l'amour.

La lettre q est plus entreprenante; elle passe à l'acte. Cette lettre q définit les excitations, les désirs, la force des instincts, la part de l'organique.
La lettre p : les gestes de tendresse comme les rapports sexuels supposent un savoir-faire et des dispositions pratiques. L'observation et l'analyse des p renseigne sur ce que l'on pourrait appeler l'affectif-pratique, l'amour-pratique.

*Le plan des ambitions :* lettre m

La lettre m définit l'utilisation du potentiel affectif, amoureux et sexuel, en fonction des ambitions. Elle donne la part de l'orgueil, de la vanité ou de la timidité, de la confiance en soi ou de l'inquiétude. Cette lettre dévoile le sentiment que l'on a de sa propre valeur et l'estime que l'on se porte. Elle raconte ainsi l'amour vécu au présent.

*Synthèse de l'utilisation du potentiel affectif, amoureux et sexuel :* lettre f

La synthèse des utilisations du potentiel affectif fournit la lettre f, qui dévoile les choix conscients et inconscients au moyen de ses directions multiples — droite, gauche, haut, bas —. C'est la lettre boussole de l'affectif et de l'amour.

# Introduction à la lettre a

Les questions auxquelles peut répondre, en son langage symbolique, la lettre a minuscule, intéressent l'affectif.
Quelles sont vos réserves affectives de base et comment les acceptez-vous? Autrement dit, quelles sont vos capacités d'aimer? Capacités présentes, mais peut-être encore endormies...
Aussi ronde que la lettre o, mais agrémentée d'un trait final de liaison vertical puis rampant, déroule la lettre a sa forme circulaire, comme assise entre les rails que font les deux lignes d'écriture.
La forme du a est en analogie avec celles de la bouche, du sexe féminin, du sein maternel, autant d'emblèmes fondamentaux de l'amour : amour maternel et nourricier, amour-sexualité, amour-procréation, amour-jouissance, amour-tendresse, amour-confort et réconfort... Enfin, selon une approche plus imagée la lettre a évoque la forme du cœur, siège des états affectifs.
Il ne s'agit pas de donner à cette lettre une valeur symbolique abusive : a comme amour, amitié, affection... Cette concession au symbole pur est par trop arbitraire quand il s'agit de caractérologie. Par contre, se servir de la lettre dans ses métamorphoses formelles, ses préférences directionnelles et ses volumes, revient à associer l'art des symboles et la technique caractéristique.

## FORME CALLIGRAPHIQUE

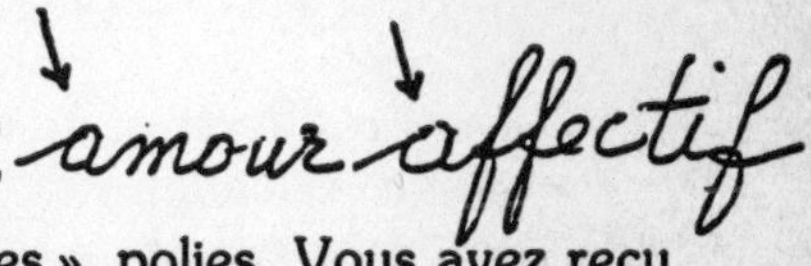


Vos réserves affectives sont « bien élevées », polies. Vous avez reçu une éducation, tant familiale que scolaire, à base de bons principes et de discipline intellectuelle et morale. On vous a inculqué des règles de conduite qui vous ont rendu, que vous le vouliez ou non, appliqué, ordonné, soigneux et sérieux.

Graduellement, vous vous êtes habitué à certaines façons de penser, de vivre et d'aimer. Et cela tant et si bien que vous n'avez plus conscience de vos capacités personnelles d'aimer et de la manière dont vous pouvez les exploiter. Une sorte d'automatisme s'est installé en vous quant à vos processus affectifs. Il s'agit d'une « fidélité » à une éducation qui a marqué de son empreinte l'ensemble de votre personnalité. Vos possibilités d'aimer sont certaines mais vous les avez policées et éduquées. On vous a imposé, puis vous vous êtes imposé vous-même, sans déplaisir apparent, certaines lignes directrices dans votre conduite affective. Il s'agit, en conclusion, de l'adoption en matière affective d'une formule du genre : « Voilà ce qui doit être fait dans le cas d'un sentiment déterminé. » Cela implique de la fidélité, de la volonté et de la constance. Mais cela peut aussi devenir de la monotonie, voire de la sécheresse...

## FORME ARRONDIE

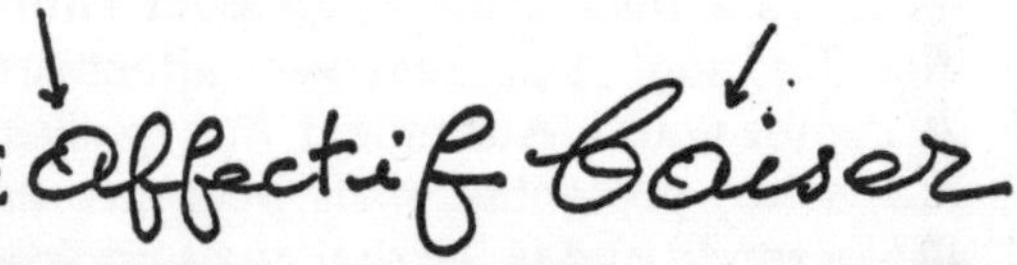

Votre potentiel affectif est à base de sentiments délicats, tendres et romantiques. Vous craignez les violences affectives et vous êtes beaucoup plus empressé à plaire et à séduire qu'à conquérir par la force et l'autorité. Vos réserves affectives semblent toujours disponibles à l'amitié et à l'amour. Elles se moulent, s'adaptent et s'harmonisent à celles de vos partenaires. Vos sentiments et désirs affectifs et amoureux ont besoin de cadres harmonieux et agréables pour s'épanouir, de bonté et de sympathie pour persister. Vos réserves de cœur sont toujours en instance de communication, d'union et de communion.

## FORME ANGULEUSE

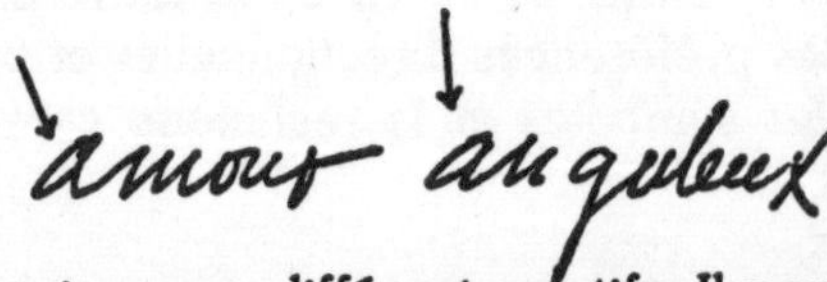

Vos réserves affectives se sont durcies pour différents motifs. Il peut s'agir d'une éducation stricte, d'une détermination excessive dans vos décisions, d'un besoin de rectitude ou, plus simplement, de tendances psychologiques rigoureuses et volontaires. Votre cœur — et ce mot-symbole désigne l'ensemble de vos dispositions affectives — est piquant, anguleux, formel et intransigeant. Vous contenez vos impulsions et vos élans affectifs et vous avez tendance à imposer à autrui vos propres critères. Il n'est donc pas facile de vous aimer, et il n'est pas doux d'être aimé de vous. Vous ne supportez pas les sentiments tièdes et précaires, tout ce qui se traduit par de la tendresse et de la sentimentalité. Vous voulez des sentiments forts comme des actes. Cet endurcissement cache en réalité une fragilité de cœur que vous ne voulez pas admettre. Vos affections, vos désirs et votre sensibilité se trahissent dans et par la dureté de vos comportements. C'est ainsi que toutes les arêtes qui blessent votre cœur sont comme les lapsus d'une affectivité souffrante ou du moins vite blessée.

## FORME INÉGALE 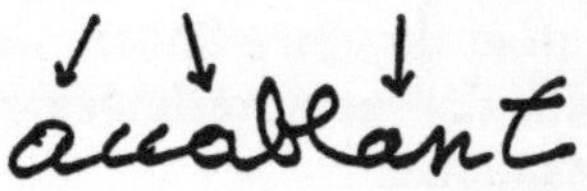

Votre potentiel affectif est dominé par vos émotions. Il est influencé par votre sensibilité et votre imagination. Vous êtes un être sentimental, romantique et romanesque, ayant des sentiments fragiles car trop vite ému et impressionné. Vous êtes dépendant de qui vous aimez. Votre potentiel affectif est nourri par toute une collection de sentiments et d'impressions venant de votre inconscient. Vous avez besoin d'aimer et d'être aimé dans la sécurité mais, en même temps, vous souhaitez quelques aventures. D'où des inquiétudes et des problèmes de choix de partenaires. Il leur est difficile de savoir exactement comment il faut vous aimer!

## FORME SIMPLIFIÉE 

Votre potentiel affectif est « intellectualisé ». Vos réserves amoureuses sont importantes mais elles demandent à vivre dans la liberté et l'indépendance. Vos sentiments sont à base de curiosité, d'esprit critique, d'habileté et d'invention. De plus, tout en étant volontiers provocants, ils séduisent par leur mobilité et leur originalité. Vous avez intensément besoin de vivre vos émotions en communication avec celles des autres. Enfin votre potentiel de cœur est agréable, divertissant, enchanteur et spirituel, mais aussi parfois intrigant et même superficiel.

## FORME SERRÉE

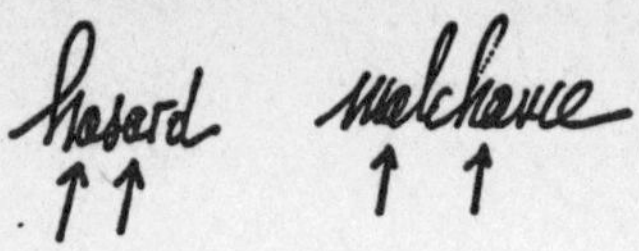

Vos réserves affectives sont réduites pour des motifs divers : manque de confiance en vous, inaptitude à aimer, timidité extrême, renoncement, dissimulation de vos vrais sentiments, fatigue momentanée... Mais ce n'est pas parce que votre potentiel de cœur vit à l'économie que vous n'avez pas de sentiments et de désirs! Ceux-ci sont prudents, réfléchis, et gardés en réserve. Vous êtes précautionneux avec tout ce qui passe par votre cœur... En fait votre potentiel affectif semble avoir peu besoin de s'extérioriser, préférant vivre « de l'intérieur ». D'où l'importance de votre vie intime et profonde, de votre sens critique et de votre finesse de sentiments. Vos recherches affectives sont plus délicates, raffinées et réfléchies, que gourmandes et avides de sensations.

## FORME SURÉLEVÉE

Vous avez de grandes réserves affectives, amoureuses et sexuelles. Votre cœur a beaucoup à donner et à recevoir, mais votre potentiel affectif est composé de « grands sentiments ». Vous êtes ambitieux de cœur. L'amour, chez vous, est lié au prestige, au panache et à la fierté. Vous êtes sensible à la beauté et à l'esthétique, mais aussi à la flatterie. Vos sentiments se font remarquer par leur assurance, voire leur arrogance, mais aussi par leur côté « m'as-tu-vu ». Vous ne pouvez pas aimer dans la banalité et encore moins dans la médiocrité.

## FORME EN ANNEAUX

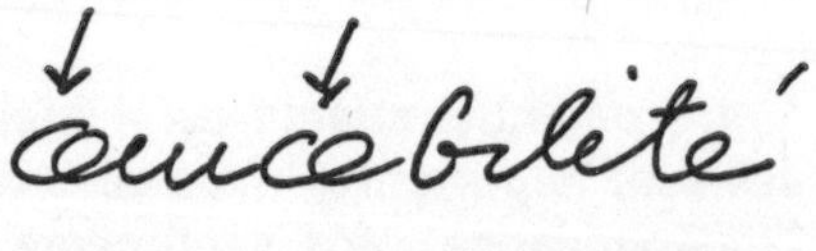

Vos réserves affectives sont « trafiquées » par des apports de charme et de séduction. Vous avez acquis un savoir-aimer habile, tout en finesse, et vous avez l'art d'envelopper qui vous voulez séduire. Il est certain que votre cœur — et ce mot-symbole désigne l'ensemble de vos aptitudes affectives — s'est fabriqué des comportements charmeurs et aimables qui vous permettent de profiter, égoïstement et à sens unique, des sentiments des autres. Sans méchanceté aucune. Vos possibilités affectives sont ainsi toutes de douceur, de complaisance et d'entortillements. Votre loi est de déployer tout le charme de votre personnalité afin d'attirer dans vos filets qui peut alimenter l'avidité de votre cœur. Vous pensez qu'il faut de l'artifice pour vous faire mieux aimer et vous usez avec adresse de toutes les « ficelles » en votre possession. Le succès de vos affaires de cœur dépendra de la manière dont vous retiendrez qui vous avez séduit.

## FORME CASSÉE

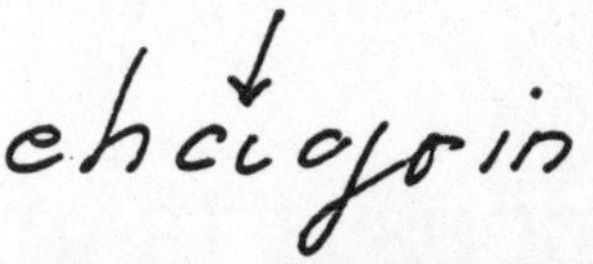

Vos réserves affectives manquent de cohérence. Pour des raisons qui demandent à être étudiées, votre cœur — et ce mot-symbole désigne l'ensemble de vos capacités à aimer et à être aimé — est cassé. Vous avez vécu, sans que vous en ayez peut-être parfaitement conscience, des traumatismes affectifs qui ont « brisé votre cœur ». Il peut s'agir du divorce de vos parents ou d'une rupture affective et amoureuse vous ayant atteint vous-même.

Il y a donc comme une fêlure dans vos réserves affectives, et votre « cœur » cherche — ou cherchera — à se « recoller », non sans angoisse. D'où de possibles indices de déséquilibre affectif, des conflits intérieurs entre différentes sortes de sentiment. Sans oublier des déchirures accompagnées de chagrins, de désespoirs et d'afflictions, dans les sentiments que vous pouvez porter à des êtres chers.

## FORME OUVERTE VERS LE HAUT

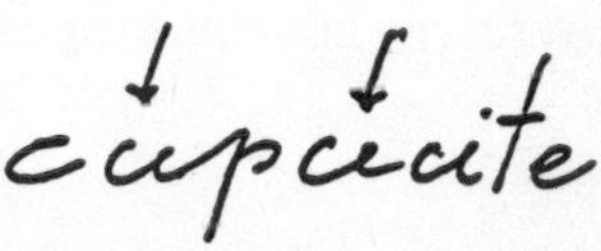

Vos réserves affectives sont généreuses. Vos sentiments se prolongent, au-delà du réel, du présent, du possible et de vos expériences concrètes, dans des idéaux affectifs. Vous avez été aimé avec générosité et spontanéité lors de votre petite enfance. Et si cela n'a pas été, la providence vous a donné une telle avidité affective que vous avez compensé d'éventuels états de manque par cent et une rêveries. Votre réceptivité au monde extérieur et aux sentiments d'autrui est sans contrainte ni gêne. Vos réserves affectives sont ainsi teintées de sensibilité intellectualisée, de rêves et de sentimentalité aimable. Votre potentiel affectif est nourri de tendresse, de spontanéité et d'états de cœur sans réserve ni calcul, qui ne demandent qu'à se manifester à l'extérieur. Mais peut-être êtes-vous un peu trop facilement influencé par les discours affectifs que l'on vous tient! Il y a en effet de la candeur et de la prodigalité affective dans votre manière d'aimer. D'où des risques d'imprudence... Votre cœur — et ce mot-symbole désigne vos aptitudes à l'amour — sourit sans se méfier à la séduction et à la magie du verbe aimer, quel que soit le mode sur lequel on vous le conjugue...

## FORME À DOUBLE TRAIT

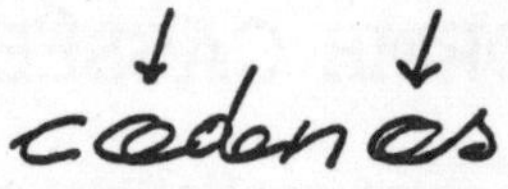

Vos réserves affectives sont protégées par un filet de prudence, voire de méfiance. Vous verrouillez votre cœur à double tour, et il faut remonter à votre enfance pour en comprendre le pourquoi. On vous a d'abord imposé, puis vous vous êtes vous-même imposé, une sorte de stratégie de protection à l'encontre de tout ce qui est affectif : sensibilité, émotions, attachement, tendresse... Il n'en reste pas moins que vos sentiments tournent en rond à l'intérieur de votre cœur : vous pouvez certes, à force de volonté et de réflexion, éviter leur expression, mais non leur existence.
Vos potentialités sentimentales restent donc intactes, mais non fécondées par les sentiments d'autrui, ceux-ci étant considérés, a priori, comme dangereux pour votre équilibre affectif. Enfin, comme vous taisez vos sentiments, votre entourage risque de supposer, soit que vous n'en avez pas, soit que ceux-ci sont inaccessibles. Seuls quelques initiés peuvent connaître la part secrète de votre cœur. Là où reposent vos forces affectives en instance de passions et vos rêves de cœur...

# ILLUSTRATION LETTRE a

calligraphique

arrondie

anguleuse

inégale

simplifiée

serrée

surélevée

en anneaux

cassée

ouverte vers le haut

à double trait

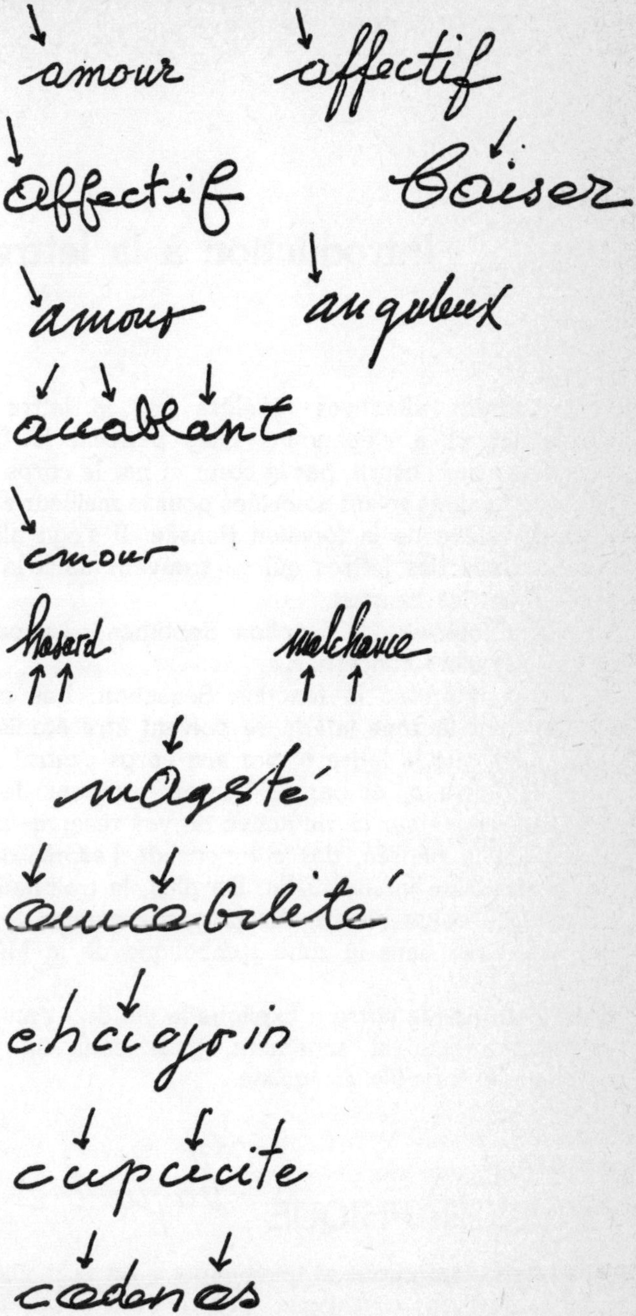

# Introduction à la lettre b

Vos réserves affectives révélées par la lettre a demandent à s'exprimer et à s'épanouir. Elles peuvent le faire de plusieurs manières : par l'esprit, par le cœur et par le corps. L'idéal étant que ces trois facultés soient associées pour le meilleur et non pour le pire!
L'esprit relève de la fonction Pensée. Il s'agit alors d'analyser les composantes des lettres qui se trouvent dans la zone supérieure, notamment les hampes.
Le cœur intéresse la fonction Sentiment. La partie centrale des lettres est alors concernée.
Le corps intéresse la fonction Sensation. Les parties des lettres situées dans la zone inférieure doivent être étudiées.
C'est ainsi que la lettre b, par son corps central rond comme peut l'être la lettre o, et par sa hampe grimpant dans l'espace supérieur, renseigne sur la vie active de vos réserves affectives, mais au niveau de la pensée, des créations de l'esprit, de l'imagination et de la sensibilité intellectuelle. De plus, le trait-hampe de la lettre b se colle au corps central sur sa partie gauche, privilégiant tout ce qui se trouve dans la zone symbolique de la Mère, du passé, de l'enfance.
C'est pourquoi la lettre b explique la vie du « cœur », de tout ce qui est état affectif et sentiment, mais dans un contexte un peu narcissique, infantile et égoïste.

## FORME CALLIGRAPHIQUE

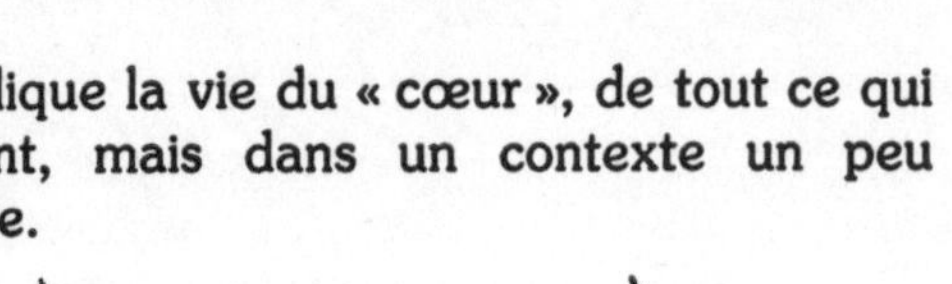


Vos idées, aspirations et imaginations sur la manière de vivre votre potentiel affectif sont sages. Vos rêves d'amour sont faits d'images convenables, simples et saines. Il n'y a pas d'excentricités dans la manière dont vous souhaitez vivre vos sentiments. Votre façon d'envisager l'amour semble être : « voilà comment on m'a dit qu'il fallait que je pense à l'amour... ». De plus, vous faites peu de confidences sur vos états de cœur. D'une manière générale, vous avez des difficultés à accorder votre confiance, si bien que vous hésitez à raconter vos désirs et fantasmes amoureux.

## FORME ARRONDIE

Vos idées et aspirations sur la manière de vivre votre potentiel affectif sont faites de plaisirs, de tendresses et d'agréments de toutes sortes. Vos rêves d'amour contiennent des jouissances, des délices et des satisfactions à l'image de ceux des enfants : soit beaucoup d'affection, de gentillesse et de complaisance. Vos pensées sur l'amour sont délicates et raffinées, mais surtout généreuses. Vous souhaitez partager des sentiments identiquement affectueux et romantiques. Il y a ainsi de la générosité et de l'esprit de conciliation dans votre façon de penser à l'amour.

## FORME ANGULEUSE

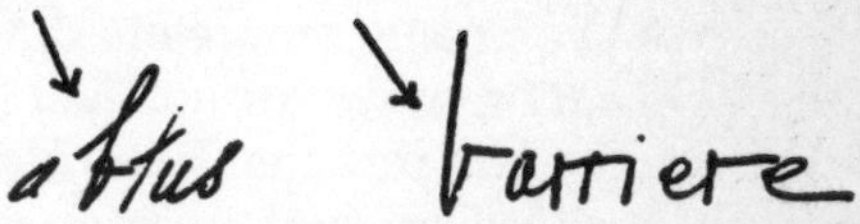

Vos idées, aspirations et imaginations sur la manière de vivre votre potentiel affectif sont exigeantes. Pour des motifs divers, vous durcissez vos manifestations de sensibilité à l'amour. Ces rigidités peuvent provenir d'une éducation sévère mais aussi de problèmes affectifs survenus notamment pendant l'enfance : divorce des parents, sentiment d'être mal aimé, timidité extrême, mésentente avec les père et mère, les éducateurs et l'entourage. En conséquence, vous ne laissez pas vos rêves d'amour s'épanouir. Votre volonté est d'ailleurs attentive à maîtriser vos rêveries amoureuses. Il n'est pas exclu qu'une petite tendance sadique se glisse dans quelques-unes de vos façons d'envisager l'amour !

## FORME INÉGALE

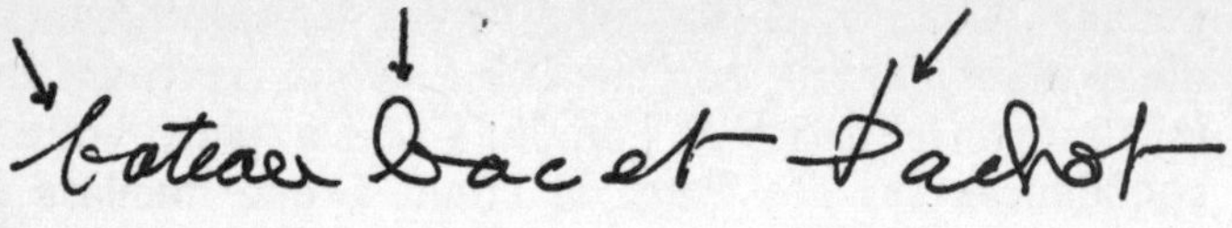

Vos idées, aspirations et imaginations sur la manière de vivre votre potentiel affectif sont mobiles et instables pour cause de sensibilité extrême et d'impressionnabilité. Vos rêves d'amour changent selon vos humeurs, vos cadres de vie et les êtres que vous rencontrez, voire vos lectures. Ils sont tantôt mélancoliques, tantôt enthousiastes. La façon dont vous voulez vivre, idéalement, vos sentiments amoureux n'est pas tout à fait définie dans votre tête et votre cœur. Vos espérances, vos projets, vos songeries amoureuses, sont si riches qu'il ne vous est pas toujours facile de les équilibrer. Souvent les images idéales que vous avez de votre partenaire varient. En revanche, ces changements de rêves amoureux vous donnent beaucoup de séduction !

## FORME SIMPLIFIÉE

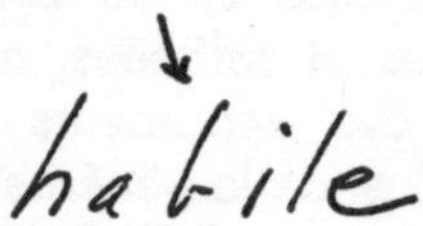

Vos réserves affectives sont d'une qualité supérieure. Vous recherchez des sentiments empreints d'absolu et d'idéaux. Vous tenez de votre éducation et de votre milieu familial une élégance intellectuelle et psychologique certaine. Vous êtes épris de perfection, de pureté et d'authenticité. Ces qualités vont de pair avec une grande indépendance d'esprit et de cœur. Vous ne supportez pas les sentiments médiocres et les complications. Vos réserves affectives sont donc libérées du contexte symboliquement maternel. Vous ne dépendez de personne ni d'aucune autorité pour décider d'aimer et aimer sans contraintes, dans les limites, bien sûr, de règles que vous fixez vous-même et que vous acceptez.

En conclusion, de la réflexion, une certaine sagesse, de la clarté d'esprit donnent à vos comportements affectifs de la noblesse, de l'intelligence et du sérieux. Vous préférez les « nourritures spirituelles » aux nourritures terrestres. Ce qui ne veut pas dire que vous dédaignez ces dernières, loin de là !

## FORME SERRÉE

Vos idées, aspirations et imaginations sur la manière de vivre votre potentiel affectif sont très prudentes. Vos rêves d'amour sont « rétrécis ». Toutes les sympathies et inclinations qui pourraient faire vivre vos réserves affectives sont soumises à une analyse scrupuleuse. Vous exercez un grand contrôle sur vos rêves amoureux ; vous les disciplinez et vous ne voulez surtout pas vous laisser prendre dans le tourbillon, peut-être plein de charme mais que vous jugez dangereux, de vos songeries amoureuses.

## FORME SURÉLEVÉE

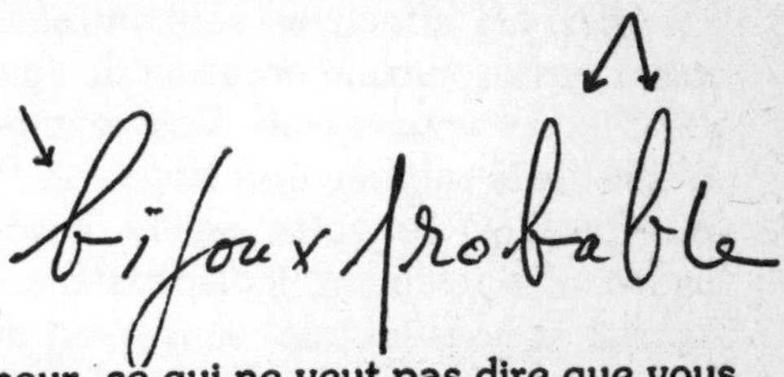

Vous avez de grands rêves d'amour, ce qui ne veut pas dire que vous les réalisez tous ! Il vous plaît de songer à de grands sentiments et à de magnifiques aventures. Vous n'êtes ni modeste ni timide avec vos rêves d'amour ! Vous bâtissez, d'ailleurs, chaque fois de nouveaux rêves, afin d'inventer des sentiments supérieurs et de vous élever au-dessus des affections banales. Vos scénarios imaginaires sont pleins de « classe », mais aussi d'une vanité, voire d'une touche d'orgueil, difficiles à supporter pour vos éventuels partenaires. Il faut vous aimer au superlatif !

## FORME ÉTALÉE

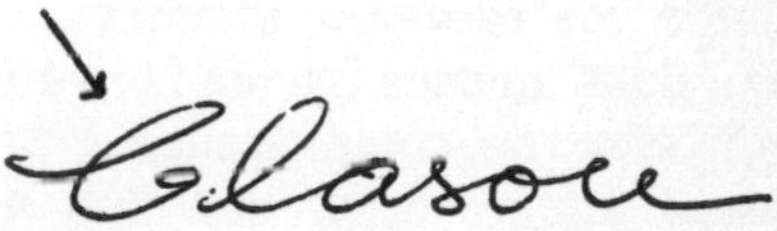

Vos réserves affectives ont besoin d'aise. Votre cœur — et ce mot-symbole définit l'ensemble de vos états affectifs — aime les démonstrations de tendresse, les gestes chaleureux et les effusions. Cette tendance vous vient d'un tempérament de base lymphatique, aimablement épanoui, vous invitant à ne pas vous fâcher et à vous laisser porter par la vie avec un optimisme un peu béat. Vous vivez vos sentiments davantage au niveau des idées et des imaginations que dans la réalité. Votre fonction Pensée se plaît à dilater et à rendre radieux les sentiments qui vous animent. Vous avez, de plus, une étonnante faculté de compréhension des sentiments d'autrui.

Enfin, votre imagination, fertilisée par une sentimentalité sans complexes, a tendance à vous faire évader du présent quotidien dans des songeries intimes qui ne manquent pas de sensualité.
En conclusion, vos réserves affectives s'expriment dans le confortable et le spacieux.

## FORME EN HÉLICE

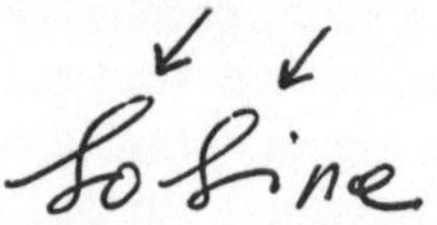

Vos réserves affectives sont utilisées avec opportunisme. Vous ne laissez passer aucune occasion de vous faire aimer, pas plus d'ailleurs que d'aimer vous-même. Vos sentiments sont à base d'imagination, de sensualité raffinée et d'élégance. Vous êtes lucide à leur propos et vous profitez de votre agilité intellectuelle pour séduire et vous rendre affectivement indispensable. Vous savez plaire sans vous imposer et vous insinuer sans heurt dans le cœur d'autrui. Vous avez un sens inné de la conciliation. Votre sensibilité affective est vive et enveloppe avec bonheur les êtres qu'il vous plaît d'aimer. C'est ainsi que vos réserves affectives sont en perpétuelle activité créatrice et que vos sentiments sont intelligemment vécus.

## FORME EN COQUILLE

Vous exploitez vos réserves affectives, au niveau des idées et de l'imagination, dans un sens unique : le vôtre ! Mais vous le faites avec tant de gentillesse, de complaisance à produire un bon effet et de démonstrations affectueuses, que l'on vous pardonne. Mais plus qu'un affectif commode à aimer, vous êtes un para-affectif car les rêves sentimentaux sont pour vous plus importants que les sentiments eux-mêmes. Peut-être avez-vous été excessivement gâté par une « mère » trop généreuse, le mot-symbole mère pouvant désigner aussi bien des parents que des maîtres ou amis...
Vous prenez votre temps pour vivre vos songeries sentimentales et vous vous gâtez vous-même plutôt que d'accorder aux autres votre tendresse. Vous persévérez ainsi longtemps dans des comportements d'enfant cajolé. Il y a du narcissisme, de la coquetterie, de l'égoïsme et une vanité un peu orgueilleuse dans ces comportements affectifs. De plus, vos intentions sentimentales ne sont pas toujours pures : des

idées de profit sont sous-jacentes. Votre formule étant : « Voyez comme je vous aime, donnez-moi donc encore un peu plus d'amour... »

## FORME RETOUCHÉE

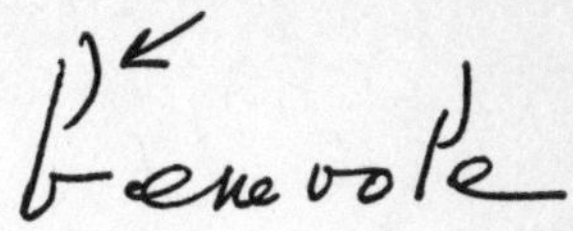

Vous exploitez vos réserves affectives avec scrupules. Vous êtes un affectif paradoxal qui aime être aimé mais a peur de l'être vraiment. D'où des réserves et surtout des inquiétudes. Vous utilisez bien ces possibilités affectives au niveau de l'esprit et de l'imagination, mais vous les corrigez par d'incessantes retouches. Ce désir de perfection sentimentale et « d'amélioration » vous oblige à repenser perpétuellement vos sentiments. Votre besoin de clarté, de sélection, et de perfectionnement affectif est louable, mais vous pouvez tomber dans une sorte de perversion perfectionniste qui vous donnera des apparences étriquées, sèches, indifférentes et froides. En réalité, vous cherchez le mieux, le vrai et le progrès, et vous épurez ce qui vous semble inutile et artificieux dans vos sentiments et dans ceux d'autrui. Il est certain que la pureté de votre cœur prolonge la durée de vos sentiments puisqu'elle les exempte d'insincérités et d'ambiguïtés.

# ILLUSTRATION LETTRE b

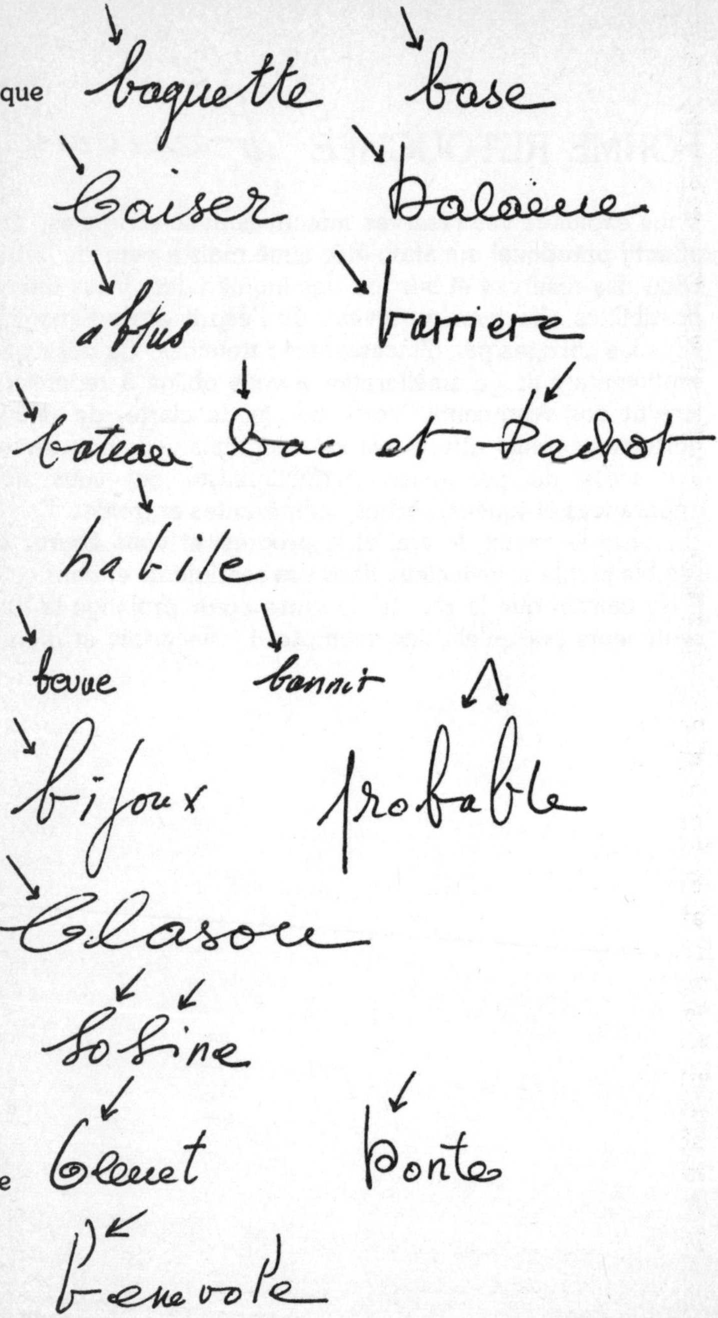


- calligraphique
- arrondie
- anguleuse
- inégale
- simplifiée
- serrée
- surélevée
- étalée
- en hélice
- en coquille
- retouchée

# Introduction à la lettre d

La lettre d, par contraste avec la lettre b, a sa hampe collée à droite. Le corps rond de base de la famille des o et des a est ainsi mis en mouvement d'une manière progressive, puisque la droite marque le futur, et cela par les ressources de l'esprit et de la pensée. Les réserves affectives contenues dans le cœur de la lettre d s'orientent donc dans le sens du progrès et de la communication. L'analyse des formes de cette lettre explique vos comportements affectifs non plus en idées passives mais en pensées actives. Quelle est « la marche » de votre cœur — mot-symbole désignant l'ensemble de vos états affectifs —, quelles sont vos ambitions affectives, votre audace, la réalité de vos contacts avec les autres?

## FORME CALLIGRAPHIQUE 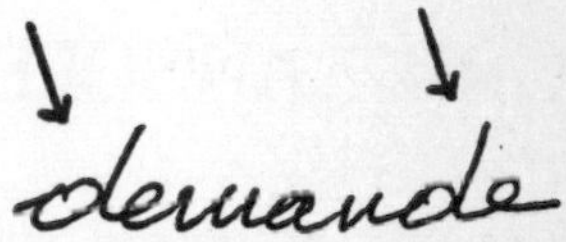

Vos comportements affectifs sont pensés en fonction d'un devenir et d'un futur auxquels participent, bien entendu, les « autres », mais d'une manière logique et raisonnable. Vos sentiments se veulent modérés et plus pratiques qu'idéalistes. Votre quotidien affectif est vécu avec stabilité et une certaine économie, mais surtout avec un souci constant d'éviter tout ce qui « ne se fait pas ». Il est certain que des principes, des règles et des convenances issus de votre éducation, de votre instruction et du milieu familial dans lequel vous avez grandi, maîtrisent vos élans de cœur. Votre formule est d'aimer convenablement, fidèlement, en surveillant vos enthousiasmes affectifs. D'où des retenues, des suspensions dans la spontanéité de vos comportements. Cette tendance à associer la logique et l'affectif a pour première conséquence d'éliminer la fantaisie et l'irrationnel. Enfin, votre fidélité, votre sens du devoir, canalisent vos affections vers des buts utiles, précis, disciplinés, en un mot, classiques.

## FORME ARRONDIE

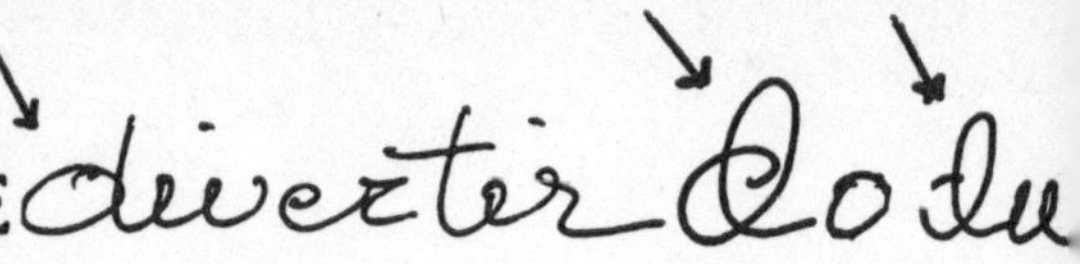

Vos idées et idéaux sur l'amour contiennent de la volupté, de la tendresse et du romantisme. Pour vous, aimer c'est faire plaisir, être aimable, charmeur, et faire miroiter à vos partenaires cent félicités amoureuses et sexuelles. Vous offrez de la douceur, de la conciliation, de la tolérance et de merveilleux dialogues qui parlent d'amour, d'esthétique et d'art. Votre éloquence amoureuse est exceptionnelle! Vous trouvez les mots qui parlent d'union, de mariage, de relations qui font rimer amour et toujours. Vous séduisez et vous retenez vos partenaires par des promesses de tendresse éternelle. Vous craignez les mots violents, mais aussi les aveux et les déclarations d'amour définitives. Votre grande souplesse de cœur s'accommode mal, en effet, d'être emprisonnée « pour la vie », même si la cage de l'amour est dorée.

## FORME ANGULEUSE

Vos idées et idéaux sur la manière de vivre l'amour sont peu commodes : vos instincts sont purs et durs, et vos déclarations d'amour manquent de souplesse. Par contre, vous ne vous engagez jamais à la légère et vos aveux sont définitifs. Votre définition de l'amour repose sur l'efficacité. Vous voulez des sentiments solides et vous êtes exigeant envers vos partenaires. C'est ainsi que vous mettez vos énergies au service exclusif de l'être aimé. Votre discours amoureux est parfois agressif. Vous avez des tendances autoritaires qui peuvent déplaire. En cas de conflit, vous êtes capable de mots violents et de prises de position catégoriques. Vos objectifs affectifs, amoureux et sexuels sont précis : vous les annoncez et vous faites en sorte de les atteindre sans perdre de temps et sans peur des obstacles. Il est clair que vous écouter et vous aimer n'est pas toujours de tout repos!

## FORME INÉGALE 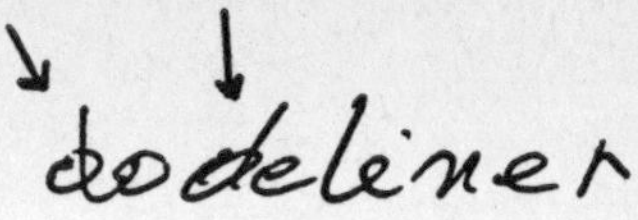

Lorsque vous « réfléchissez » à l'amour — celui que vous voulez donner et celui que vous voulez recevoir — la part de la raison et du conscient est remplacée par de l'invention, de l'imagination et de l'intuition. Vos idées et idéaux sur l'amour sont à base de poésie et de fantaisie. Vous êtes en effet très sensible et même impressionnable, si bien que vos humeurs sont mobiles, changeantes, et parfois même insaisissables. Vous avez un cœur et une âme « d'enfant » dans la mesure où vous avez besoin de marques d'affection et d'amour afin d'être rassuré. Vous avez tendance à idéaliser votre définition de l'amour. Ne vous étonnez donc pas de souffrir de multiples accès d'angoisse! Il est cependant indéniable que vos mots pour parler d'amour sont pleins de charme, imaginatifs et prometteurs de mille félicités. Il ne faudra pas toujours vous croire! Mais que de talents et « d'astuces » pour réinventer l'amour...

## FORME SIMPLIFIÉE 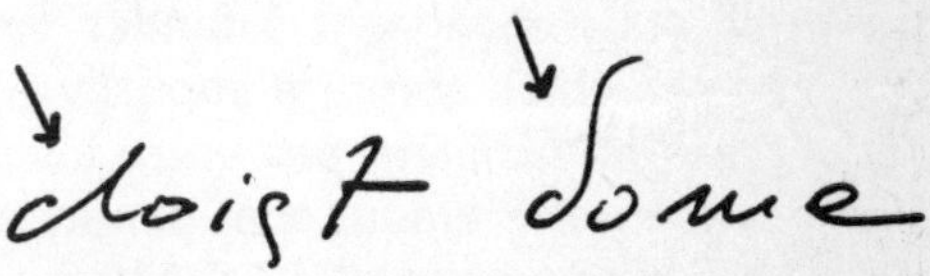

Vous avez une grande richesse d'idées et de mots en ce qui concerne la définition de l'amour. Sensibilité et intelligence, sensualité et réflexion, s'associent dans la manière dont vous voulez vivre vos affections. Votre esprit semble dominer le physique et vous ne pouvez vous empêcher d'analyser, parfois jusqu'à l'obsession, vos sentiments et ceux de vos partenaires. Vos mots pour parler d'amour sont efficaces et vrais. Vous craignez les complications et les trop grandes fantaisies, ce qui n'empêche pas vos sentiments de faire « l'école buissonnière »; d'où quelques infidélités à prévoir. Mais celles-ci seront si habilement présentées que vos partenaires ne se sentiront pas trompés...

## FORME SERRÉE 

La part de la raison et du conscient sont importantes dans votre définition de l'amour. Vos manières de penser à l'affectif et aux sentiments sont empreintes de rigidité et de prudence, mais aussi de craintes et de malaises. Vos idées sur l'amour se fondent sur la perfection, la précision et la méthode. Tout cela ne joue pas en faveur d'une spontanéité et d'un enthousiasme amoureux! Il semble que vous recherchiez davantage une sagesse affective que de grandes émotions.

## FORME SURÉLEVÉE

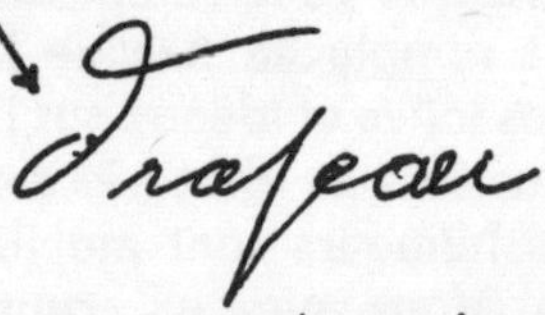

Vos idées et idéaux sur l'amour ne passent pas inaperçus. Vous voulez de grands sentiments et vous êtes capable d'en éprouver. Votre définition de l'amour est somptueuse. Vos sentiments sont enveloppés de beauté, d'esthétique et d'art. Il vous faut des ambiances et des partenaires qui sortent de l'ordinaire. Vous êtes prêt à donner beaucoup; en revanche, vous êtes exigeant en marques d'affection et même d'admiration. Vous êtes en effet convaincu que vos sentiments sont exceptionnels! Vous faites honneur à qui vous aime en vous engageant à fonder une famille et un foyer : vous ne donnez pas votre nom à n'importe qui! Il est certain que ces idéaux supérieurs ne facilitent pas votre installation dans une vie de couple. Enfin, vos mots d'amour sont passionnés, pleins d'enthousiasme et de vitalité. Il y a un petit côté « théâtral » dans votre manière d'envisager l'amour : paroles enflammées, promesses éternelles... mais aussi un peu de vanité et de vantardise!

# ILLUSTRATION LETTRE d

calligraphique

arrondie

anguleux

inégale

simplifiée

serrée

surélevée

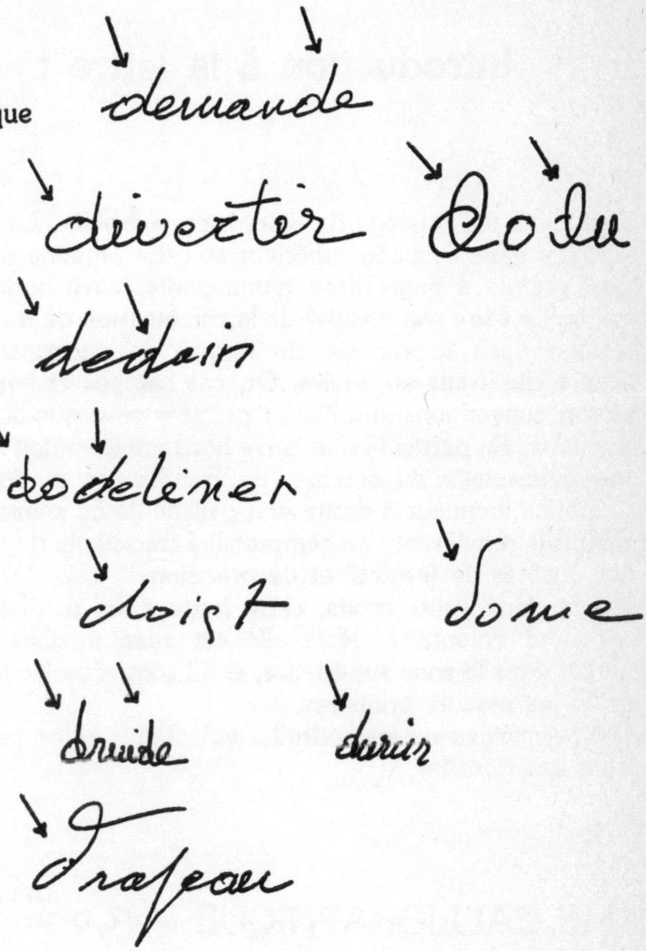

# Introduction à la lettre t

La lettre t naît à l'ajustage de deux traits « droits ». Le trait-hampe monte rigide dans l'espace supérieur et cette antenne dépouillée et raide est greffée à angle droit d'une petite barre horizontale tout aussi virile. Le t tire son identité de la combinaison de trois éléments. Sa position dans le secteur de l'esprit et du conscient, et la coexistence des traits en angles. Or, ces hampes et barres doivent obéir à des conventions graphiques précises pour que la lettre t soit réglementaire. En particulier, la barre horizontale se doit d'être à une distance déterminée du sommet du trait-hampe et doit dépasser d'une certaine longueur à droite et à gauche de ce même trait. Tous ces impératifs requièrent une comptabilité consciente de volition ainsi que des qualités de fermeté et de précision.
Formée de deux traits droits, cette lettre t est doublement mâle, affirmative et volontaire. Mais elle est aussi intelligente puisque s'inscrivant dans la zone supérieure, là où sont réfléchis les coups de volonté et les assauts primaires.
La lettre t renseigne sur les aptitudes volontaires et les manières dont elles sont extériorisées.

## FORME CALLIGRAPHIQUE 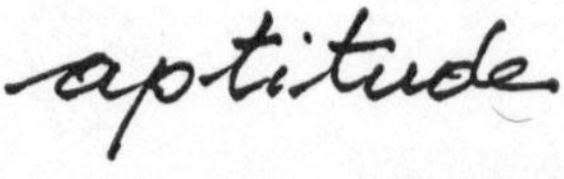

Vos aptitudes volontaires et la manière dont vous les exploitez se plient à des critères de moralité, de bonne conduite et de stricte efficacité. Votre volonté est ce qu'elle « doit être ». Ni plus ferme ni moins libre, ni plus tenace que ce qu'il convient qu'elle soit. Pas d'intrépidité ni de mollesse, mais une volonté « au cordeau », réfléchie et responsable, saine et raisonnable. Vous avez, semble-t-il, été élevé et éduqué dans le respect de principes et a de règles de vie bien définis. Votre volonté vous permet de réaliser vos intentions et vos désirs dans les meilleures conditions possibles, étant entendu que ces intentions et ces désirs sont les plus « normaux » et « corrects » qui soient. Vos conduites volontaires se conforment en effet toujours à une « norme ». Vous suivez des règles de conduite établies par et pour la société, et auxquelles vous vous êtes adapté, apparemment sans gêne ni conflit. Vous êtes ainsi un être équilibré, en bonne santé psychique et morale, susceptible de faire acte de volonté sans qu'il puisse vous être reproché d'en avoir trop ou pas assez. Votre devise est celle de Marot : « être content sans vouloir davantage, c'est un trésor qu'on ne peut estimer ».

## FORME ARRONDIE

Dans le domaine des sentiments, vous n'imposez pas vos volontés mais vous manifestez vos désirs et vos décisions par des propos ou des comportements souples et tolérants. Vous cherchez à être à la fois serviable et aimant et vous n'imposez ni votre conception de l'amour ni votre style de vie. Vous êtes, au contraire, adaptable et dévoué, prompt à suivre ceux que vous aimez. Au fond, peut-être êtes-vous un peu trop influençable et malléable, trop soumis aux décisions de vos partenaires ! Il serait bon que vous appreniez à faire montre d'autorité afin de ne pas être à la merci des maladresses et des infidélités d'autrui. En tout cas, vos volontés sur le plan de l'amour passent par celles des autres. Votre conviction est qu'il faut aimer beaucoup pour être heureux. Volonté et volupté chez vous s'associent pour la plus grande satisfaction de vos partenaires et de vous-même.
Votre vocation est d'exprimer de mille manières vos besoins d'affection. D'ailleurs, votre quête de plaisirs affectifs en mots, en attitudes, en atmosphères complices, et bien sûr en actes, prime parfois sur le bonheur d'aimer lui-même.

## FORME ANGULEUSE

Vous êtes, en amour, un être de décision et la part de la volonté est très importante dans vos comportements affectifs. Vous possédez toutes les qualités d'autorité, de décision et d'affirmation requises pour résoudre les problèmes que peut poser une vie amoureuse. Vous savez convaincre vos partenaires, mais aussi prendre la décision de rompre... Pour vous « la fin justifie les moyens »! A force de ténacité, vous réalisez toujours vos ambitions amoureuses tant vous luttez pour vos sentiments et tant vous êtes stimulé par les difficultés et l'adversité. Vous ne pouvez être amoureux que passionnément... Votre volonté, sur le plan de l'affectif et de l'amour, est active : vous ne vous contentez pas de contrôler vos désirs mais vous dirigez également ceux de vos partenaires, et cela dans des directions qui correspondent à une éthique sévère, morale et rigide, de l'amour. En un mot, vous écartez ce qui est, à vos yeux, facilité, sensibilité et tendresse surabondantes, intimité trop douce et jouissance passive. Tant pis pour vos partenaires qui souhaitent de l'amour palpable et non des sentiments cristallins!

## FORME INÉGALE 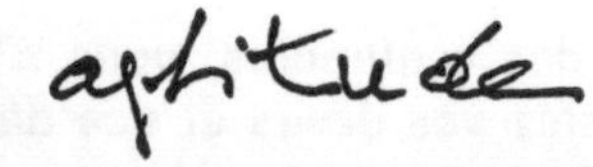


La part de la volonté dans votre vie de cœur est affaire d'improvisation. Votre équilibre amoureux réside dans votre mobilité : vous changez d'idées et de partenaires, pour éventuellement revenir à vos premiers choix. Vos dispositions volontaires pour affronter les difficultés et résoudre les problèmes de votre vie affective et amoureuse sont sujettes à votre émotivité et votre imagination. Chez vous, les émotions prédominent sur la raison et la volonté. C'est ainsi que vous décidez et vivez en fonction des humeurs et de l'atmosphère du moment. Votre volonté est certaine, mais influençable, car troublée par votre sensibilité. On peut vous croire instable, infidèle même, alors que vous êtes simplement impressionnable. Il est vrai que votre imagination est féconde quand il s'agit de trouver des formules et des astuces pour résoudre les problèmes de l'existence! Mais que d'incertitudes et d'inquiétude dans votre esprit et votre cœur...

## FORME SIMPLIFIÉE 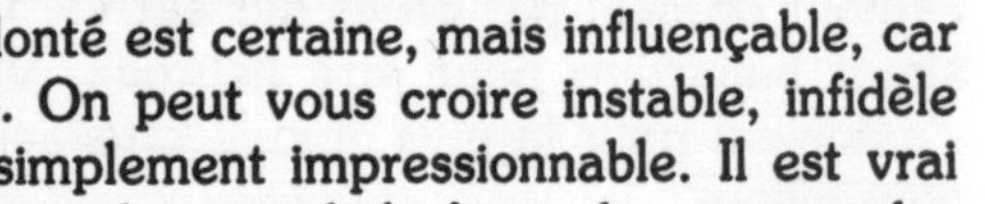


Vos dispositions volontaires, fort utiles pour résoudre vos problèmes affectifs, sont originales. Vous avez de l'ingéniosité, de l'invention, et

beaucoup d'intelligence pour trouver les meilleures formules et solutions. La part de votre volonté est faite de finesse psychologique. Vous n'êtes ni impératif ni autoritaire; vous savez obtenir ce que vous désirez par de la souplesse et des interventions opportunes. Votre volonté est délicate car vous vous efforcez de ne pas blesser vos partenaires par des affirmations et des prises de décisions trop dures. Enfin, vous avez un esprit d'indépendance développé. C'est d'ailleurs lui qui vous commande de ne pas imposer aux autres ce que vous ne voulez pas que l'on vous impose.
Vos résolutions sont, en matière affective, félines, ondoyantes et toujours diplomates. L'amour et la liberté ne sont donc pas, pour vous, contradictoires. Reste cependant une question : Comment vivre avec l'être que vous aimez sans sacrifier votre autonomie et comment ne pas empiéter sur la sienne sans vous sentir lié?

## FORME SERRÉE

Votre volonté, votre esprit de décision et votre affirmation de vous sont incontestables, mais vous faites preuve de retenue, de prudence, dans leurs manifestations. La part de votre volonté ne s'épanouit pas librement car vous êtes trop discret et sobre dans vos affirmations. Il y a de la rigidité dans vos pensées et attitudes. Vos dispositions volontaires pour vous permettre de vous installer dans une vie de cœur équilibrée, telle que vous la souhaitez, sont sérieuses, sévères et silencieuses. Vous n'imposez en aucune manière vos volontés. Enfin, vous vous repliez sur vous-même afin d'éviter de communiquer vos sentiments. Votre volonté est critique, ce qui peut créer des difficultés affectives avec vos partenaires dans la mesure où vous ne laissez pas libre cours à vos attractions. Bref, vous êtes un être plus taciturne et méfiant qu'expansif et chaleureux.
Et la question se pose :
De quoi avez-vous peur pour ainsi entraver la richesse de vos désirs, de vos espoirs et de vos tentations? Il semble que vous soyez parvenu à un degré de dissection de vos sentiments, et donc de l'amour, qui soit plus proche du déplaisir que du plaisir... Vous vous livrez à des investigations sur l'amour plutôt que d'aimer vraiment.
Surtout, il faut retenir le rôle essentiel de votre enfance et de votre éducation dans ces mécanismes de repli, de verrouillage et d'étouffement de l'ensemble de vos états affectifs.

## FORME SURÉLEVÉE

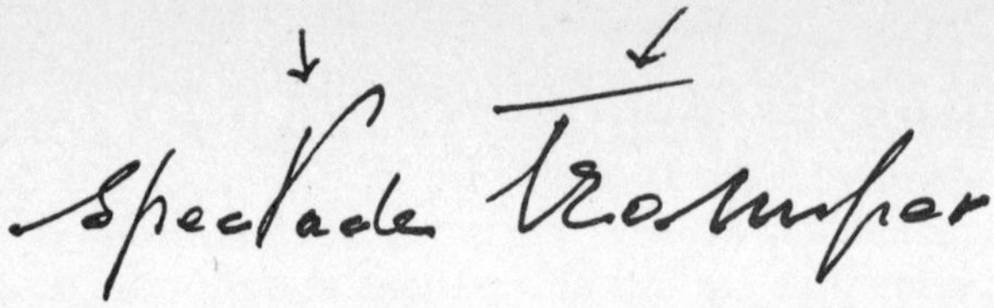

Vous êtes volontaire, mais surtout ambitieux : votre volonté est au service de la poursuite de sentiments « au superlatif ».
Vous avez de l'assurance et une bonne confiance en vous. Ces deux qualités vous poussent à « vous dépasser » dans des amours supérieures, dans de grandes passions. Votre volonté est entretenue par de belles imaginations et de grandes espérances. En un mot, vous avez un caractère ferme et déterminé, mais aussi de l'orgueil, des ambitions, et des aspirations vers des idéaux amoureux exceptionnels. Vous faites d'ailleurs en sorte que votre volonté soit remarquée. En effet, il y a chez vous un besoin d'attirer l'attention qui peut ressembler à de la prétention!
L'amour, soit aimer et être aimé, représente pour vous une extension de tout votre être, dans toutes les directions. Tout état affectif vous amène, le plus inconsciemment du monde, à jouer un rôle : comme dans un grand spectacle! Prenez garde cependant à ne pas confondre amour et amour-propre. Votre orgueil contrefait si bien le sentiment réel que vous pourriez parfois vous tromper et, bien sûr, tromper vos partenaires.

## BARRE ACÉRÉE

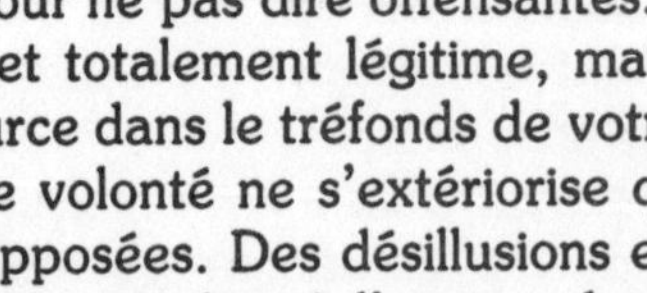

Vos aptitudes volontaires et la manière dont vous les exploitez sont offensives et défensives, pour ne pas dire offensantes. Il ne s'agit plus d'une volonté consciente et totalement légitime, mais d'une pulsion d'attaque qui prend sa source dans le tréfonds de votre inconscient. Il semble que votre force de volonté ne s'extériorise qu'en réaction à des attaques réelles ou supposées. Des désillusions et des privations subies pendant l'enfance peuvent être à l'origine de ces manières de vouloir.
Vous êtes un être de volonté pure, maître de vous, combatif avec efficacité, ne reculant jamais devant les obstacles. Vous savez prendre les armes et vous vous en servez avec une dextérité redoutable. Vous considérez que la vie est un combat et, de ce fait, vous n'hésitez jamais à ouvrir le feu. Sont à craindre un esprit critique virulent, un sens excessif de la polémique, voire de l'insolence et de

l'arrogance. Votre volonté vous sert à donner de la vigueur, du relief et du piquant à vos actions. Votre faiblesse serait d'user sans motif d'une volonté agressive. Votre « type » de volonté est celle des gladiateurs et des toreros...

## FORME LANCÉE EN ANGLE VERS LA DROITE

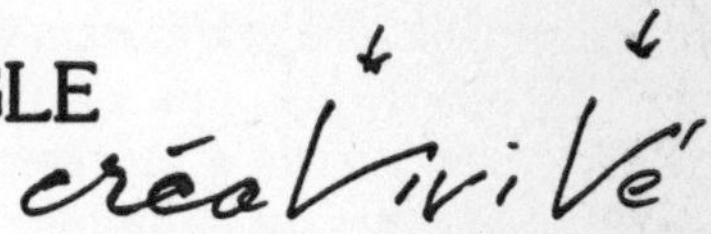

La définition de vos aptitudes volontaires est à base d'enthousiasmes et d'idéalisations. La manière dont vous les exploitez contient tout un mélange de combativité, de créativité et d'optimisme, mais aussi de désinvolture, d'impatience et, à la limite, une exaltation un peu trop voyante. En fait, votre sensibilité et votre affectivité marquent intensément votre volonté. Il vous faut exprimer avec passion, éloquence et ferveur, vos émotions du moment. D'où, la prédominance chez vous d'une gestuelle affective, et une grande animation dans vos propos et vos comportements. Votre vouloir ne se concrétise pas par des actes conscients et déterminés, par de la fermeté et de l'assurance, mais par des envolées. Vous êtes habité par des idéaux qui vous enfièvrent d'autant plus qu'il vous est difficile de les réaliser tous. D'où, de l'inquiétude, de l'amertume et des regrets. Votre volonté est davantage un mouvement de l'âme, certes exaltant et plein de ferveur, qu'un outil efficace et de qualité pour vous permettre d'atteindre vos objectifs. Peut-être y a-t-il dans ce choix des envies d'inaccessible! Le souvenir d'excitations intellectuelles et affectives vous ayant permis d'atteindre une félicité momentanée vous suffit alors pour vous croire volontaire.

## LETTRE EN ANGLE VERS LA GAUCHE

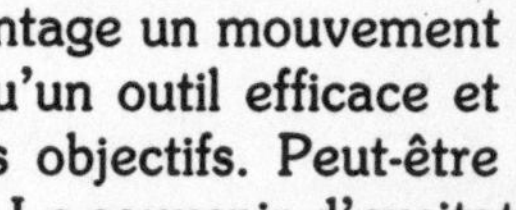

Vos aptitudes volontaires et la manière dont vous les exploitez sont à base de revendications systématiques. Vous ne manquez pas de volonté, mais celle-ci sert vos mécontentements et frustrations. Il semble que devant des situations qui demandent des prises de position et des décisions, vous jouiez les cartes du refus, de la renonciation et de la résignation butée, le tout enveloppé de mauvaise humeur, caprices et autres bouderies. Lorsqu'il est impor-

tant pour vous de faire un choix, lorsque des intérêts ou des sentiments divergents se présentent à vous et qu'il vous faut être déterminant, vous avez tendance à vous buter sur l'idée fausse d'une impossibilité de choisir. Il ne s'agit pas de faire un mauvais choix, mais de ne pas faire de choix du tout!
Cette tendance à faire votre « tête de mule » vous vient certainement d'un apprentissage défectueux de la volonté au moment de l'enfance. En décidant que vos efforts seraient inutiles, et sans que cette affirmation puérile et paresseuse ait été contrecarrée, vous vous êtes créé un instinct de négation. Non seulement vous êtes têtu mais vous pratiquez, sans méchanceté aucune quoiqu'en provoquant l'agacement d'autrui, le jeu de la « mauvaise tête ». Il est vrai qu'en orientant de préférence votre volonté vers des intérêts plus égoïstes qu'altruistes et en retenant la spontanéité de vos élans volontaires, vous concentrez vos énergies. Elles en deviennent plus dures, plus efficaces et plus percutantes. Cependant, ce mauvais usage de votre aptitude à vouloir peut provoquer en vous des sentiments d'angoisse. En effet, vos désirs, vos aspirations et tendances ne pouvant progresser, ils s'accumulent sous forme de mauvais orgueil, d'esprit critique, de causticité et de sentiment d'incomplétude. Mais rien n'est perdu puisque éprouver de l'aversion, nier, douter... sont déjà différentes formes de volonté!

## FORME BOUCLÉE

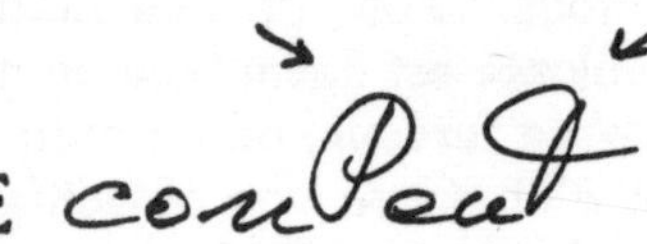

Vous possédez une volonté captieuse. Vous usez de vos aptitudes volontaires, non pas pour faire acte de détermination et d'affirmation, mais pour obtenir ce que vous convoitez, sans coup férir, tout en souplesse et le plus aimablement possible. Vous gagnez, par de pieux artifices et d'aimables circonvolutions de langage et de gestes, ce que d'autres, plus volontaires et plus autoritaires, n'obtiendraient pas par la force. Vous avez la faculté d'imposer vos volontés sans douleur et sans bruit. Vos adversaires et partenaires se retrouvent à votre merci, pieds et poings liés, sans s'être rendus compte combien votre volonté était agissante. Il y a de la machination, de l'intrigue et, pourquoi pas, de la magie dans vos procédés. Non content d'avoir l'art de vouloir, vous en avez aussi la manière! Pour ce faire, vous avez de l'entregent, de l'imagination et du vocabulaire. Mais cela peut, à la longue, manquer d'efficacité réelle. Votre subtilité et votre habileté consistent à ne laisser aux autres ni le temps ni le désir de manifester leur propre volonté. Vous usez d'attitudes enjoleuses, vous flattez les vanités, vous complimentez les faiblesses et charmez par des propos conciliants et des « mains sur le cœur ». C'est ainsi qu'étant agréable à tous, vous imposez vos dictats. Et les personnes que vous avez asservies vous disent encore merci !

## FORME EN CROIX

Votre volonté est omniprésente. Elle n'apparaît peut-être pas dans des actions d'éclat et des gestes d'autoritarisme, dans des obstinations et des intransigeances, mais elle est intacte, indépendante et efficace. Elle semble être le résultat d'une « initiation ». Entendez par là qu'elle dénote une évolution exceptionnelle de vos capacités et de l'ensemble de votre personnalité. Votre volonté s'est forgée au fil d'expériences, de souffrances et d'épreuves tant physiques que morales, affectives que psychologiques. Vous avez ainsi franchi les portes symboliques d'un univers que seules des personnes ayant éprouvé toutes sortes d'afflictions et de difficultés ayant motivé des remises en question peuvent comprendre. Votre maturité spirituelle est grande. Et le fait d'avoir atteint un haut degré dans votre individuation vous rend lucide, sceptique même, intègre et maître de vous. Il est vrai que vous avez un grand besoin d'affirmation et d'indépendance, et que vous auriez tendance à effacer l'imagination et la fantaisie. En conclusion, votre volonté vous sert à sortir du quotidien et du banal et à parvenir à une perfection qui, pour vous, n'a rien d'inaccessible.

# ILLUSTRATION LETTRE t

calligraphique

arrondie (voir bouclée)

anguleuse

inégale

simplifiée

serrée

surélevée

barre acérée

forme vers
la droite

vers la gauche

bouclée

en croix

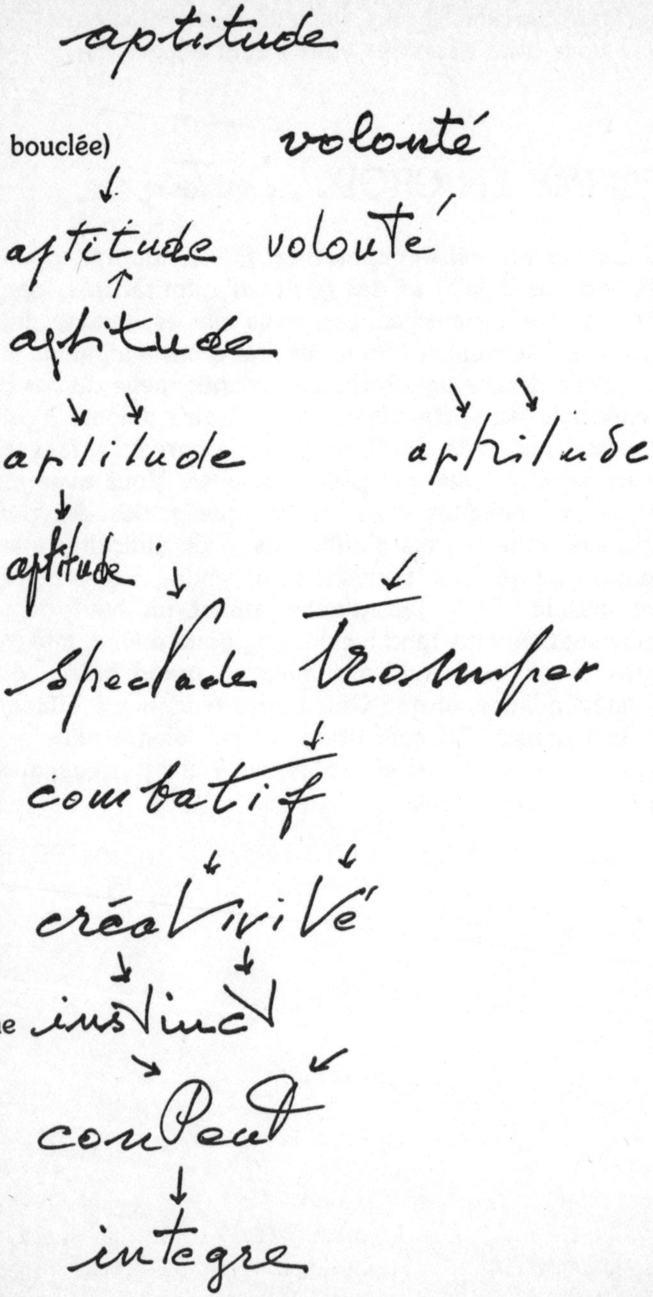

# Introduction à la lettre g

Décomposons la lettre g. La forme de base a — significative de votre potentiel affectif — se trouve greffée d'un trait-jambage. Cette lettre propose donc une mise en activité —.on pourrait dire en jambes — de vos réserves de cœur.
Il ne s'agit plus de penser, d'imaginer l'amour comme peuvent le permettre les lettres b et d, mais de le pratiquer. L'heure est aux réalisations. Avec cependant une nuance. En effet, le jambage de la lettre g n'est pas raide et vertical comme celui de la lettre q, mais à tendance arrondie et gonflée. Il y a ainsi une « féminisation », une socialisation dans l'interprétation « sexuelle » de cette lettre. Et c'est pourquoi sa forme, au demeurant gracieuse, renseigne sur la manière corporelle dont vous exploitez vos réserves affectives.
L'amour physique est une des composantes les plus essentielles de l'équilibre et du bonheur des êtres. On a beau le savoir, on a coutume de le taire... Or, vos g exhibent leurs désirs avec impudicité et ne craignent pas de dire ce que vous cachez peut-être.

## FORME CALLIGRAPHIQUE 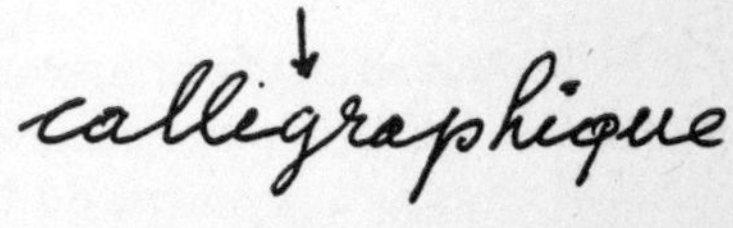

Vos gestes, vos comportements affectifs et amoureux sont « bien comme il faut ». Sages et réservés, ils ne risquent pas de choquer la pudeur et la moralité de vos partenaires. Vous êtes soucieux de ne pas dépasser ce qui est permis par les règles de la politesse et de la bonne éducation. Vos caresses, lorsque vous vous risquez à en faire, restent prudentes et chastes. Vos « touchers amoureux » ne manquent pourtant pas d'intelligence, vous êtes, certes, décent et respectueux des désirs de votre partenaire, mais vous n'êtes ni maladroit ni indifférent. Vos caresses peuvent procurer des sensations amoureuses des plus agréables, à votre partenaire et à vous-même, mais, avant d'en arriver au stade du « peau à peau », il vous faut être certain que les sensations en question ne sont pas contraires à l'honnêteté et à la fidélité. En conclusion, vous êtes trop modeste et trop scrupuleux avec vos possibilités amoureuses. Il faut apprendre à oser!

## FORME ARRONDIE

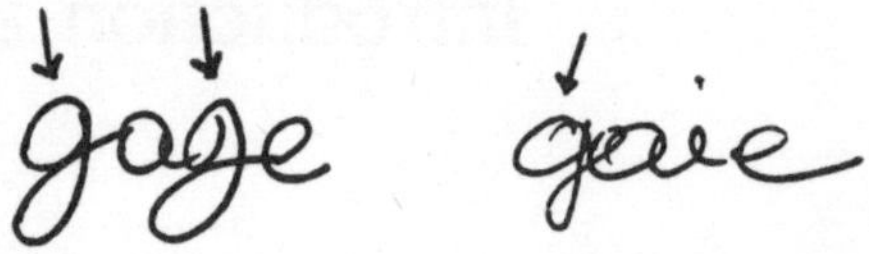


Vos gestes affectifs et amoureux sont chaleureux et généreux. Vos caresses sont habiles et tout en savoir-séduire. Vous êtes gourmand de sensations amoureuses et vous donnez à vos partenaires toutes les jouissances qu'ils peuvent souhaiter. Vous aimez l'amour et tous les plaisirs qu'il procure. Vous avez soif et faim de tendresse et vos démonstrations affectueuses sont tangibles. Il n'est pas impossible que vos gestes et attouchements amoureux soient parfois un peu trop envahissants. Il vous faut, en effet, des preuves constantes d'amour, si bien que vous n'hésitez pas à « en rajouter » avec vos marques d'affection. Votre hantise est d'être frustré de tendresse et vous supportez mal que vos partenaires puissent refuser la vôtre ou oublier de vous accorder la leur. Mais que de souplesse, de doigté et de velouté dans vos gestes affectifs et amoureux. Vous connaissez l'art des caresses sur le bout des doigts!

## FORME ANGULEUSE

Vos gestes affectifs et amoureux ne sont pas tendres. Votre caractère est trop affirmé, volontaire et énergique, pour que vos comportements amoureux soient du type romantique, fleur bleue, caressant et langoureux. Vos « touchers » amoureux sont directifs et même autoritaires. D'une manière générale vous savez ce que vous voulez, dans tous les domaines, mais plus encore dans celui du cœur et des sensations amoureuses. Vos caresses vont droit au but même si vos partenaires n'apprécient pas toujours d'être ainsi « violés ». En réalité, vous êtes un être pur et dur, plutôt exclusif et même tyrannique. Vos sentiments, vos désirs sont loyaux, fermes et définitifs, et vous attendez des êtres que vous aimez les mêmes dispositions. Avec vous, il ne faut pas compter sur des attouchements moelleux; loin d'être soyeux, vos doigts ont parfois des griffes. Or il peut ne pas déplaire à certains d'être meurtris et contusionnés lors d'étreintes passionnées. A vous de trouver des partenaires qui apprécient vos caresses piquantes!

## FORME INÉGALE

Vos gestes de tendresse sont très attendus par vos partenaires car ils sont enchanteurs. Vous êtes un être mobile, changeant, inattendu et indépendant. Et vos caresses suivent le même rythme! Elles sont pleines de charme et de fantaisie, mais vous les accordez irrégulièrement, selon vos humeurs, vos émotions et l'atmosphère du moment. Vous recherchez des sensations illégitimes! En effet les sentiments trop réguliers et routiniers vous ennuient. Votre imagination a besoin d'être excitée par des nouveautés et, pourquoi pas, quelques aventures déraisonnables et coupables. Les sentiments et les circonstances insolites agissent ainsi fortement sur vos sens et sur votre esprit. C'est pour cela qu'il vous faut, ou bien changer souvent de partenaire, ou bien que votre partenaire soit capable d'être différent chaque jour... Votre « toucher » amoureux est tout en subtilités, en effleurements et en suggestions. Vous êtes un courant d'air de tendresse! L'érotisme vous plaît davantage que les caresses directes. Il peut être cependant difficile pour vos partenaires de supporter votre versatilité et vos caprices. Vos gestes de tendresse ont quelque chose du papillon : ils sont ravissants, émouvants, mais éphémères!

## FORME SIMPLIFIÉE

Vos gestes affectifs et amoureux sont spontanés et séduisants par leur fraîcheur et leur ingéniosité. Vous êtes un être délicat et raffiné, qui ne supporte pas la vulgarité. Très sensible à la beauté des corps, à celle de l'esprit, et bien sûr, à celle du cœur, vous ne pouvez accorder vos marques de tendresse qu'à des partenaires ayant, comme vous, une sensualité sensible, faussement discrète car exigeante en plaisirs recherchés et jouissifs pour l'esprit. Vos attouchements amoureux sont parfois frustrants car, étant indépendant d'esprit et de cœur, vous ne donnez pas à certains de vos partenaires — plus possessifs que vous — la part de sensations qu'ils demandent. Enfin, vous êtes non conformiste, en amour comme dans d'autres domaines. Les habitudes et la routine vous ennuient et gâtent vos excitations. Il vous faut ainsi des expériences inédites et « intelligentes ». A défaut, vos désirs retombent. Enfin, sachez que votre potentiel affectif ne réagit qu'à des sentiments vrais, sains et toniques. Les mensonges, les complications et, éventuellement, les passions troublantes et échevelées, ne vous conviennent pas. C'est alors que vos gestes d'amour restent sur le « qui vive », en attente d'un autre cœur et d'un autre corps à aimer.

## LETTRE SERRÉE

Vos gestes de tendresse sont secrets. Vous êtes prudent avec vos caresses; vos partenaires pourraient d'ailleurs se plaindre de leur peu de chaleur. Il est vrai qu'à la place, vous mettez de la fidélité. Et pourtant, vous êtes un être passionné, mais cela ne se voit pas. Vous avez trop tendance à réprimer vos émotions et, bien sûr, votre affectivité. C'est pour cela que vous concentrez en vous-même vos énergies, vos sentiments, et que vous préférez la solitude et la réflexion à la communication amoureuse. Vous retenez vos gestes d'amour afin de les consacrer à un seul être : celui ou celle qui ne vous posera pas de questions sur vos silences, vos pudeurs et vos inquiétudes... Vos marques de tendresse — lorsque vous les accordez — sont respectueuses. Vous ne faites guère le premier pas ou le premier geste, et malgré vos désirs, vous attendez que ce soit l'autre qui prenne l'initiative. Cela peut durer fort longtemps si votre partenaire est aussi réfléchi et scrupuleux que vous! Enfin vos gestes d'amour risquent de rester inefficaces. Ils ne sont ni absents ni indifférents, mais plutôt maladroits, par manque de savoir-faire et par extrême réserve. En un mot vous n'osez pas faire ce que vous aimeriez que l'on vous fasse!

## FORME SURÉLEVÉE

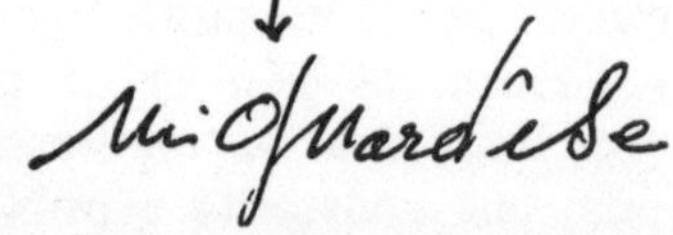

Vos gestes d'amour sont passionnés, parfois autoritaires mais toujours généreux pour vos partenaires. Vous avez tendance à imposer vos désirs, ou du moins vous faites comprendre avec chaleur l'intensité de votre attirance. Vous avez des tendresses qui ne manquent pas d'allure. Les petits baisers furtifs et superficiels ne sont pas pour vous! Vos comportements sont parfois excessifs : vous voulez posséder corps et âme l'être que vous aimez, et cela dans des cadres somptueux. Le vulgaire vous déprime et vous effraie. Vous avez le sens du beau et même du luxe. Vous êtes, en amour comme dans d'autres domaines, susceptible et orgueilleux. Vos partenaires doivent savoir que les compliments, et même les flatteries que l'on peut vous faire sur vos talents amoureux vous rendent encore plus aimant. Il est vrai que vous attirez l'admiration par votre éloquence et votre adresse à faire croire que vous êtes le meilleur des amants ou la plus douée des maîtresses...

## JAMBAGE EN HUIT

Qu'importent la réalité des affections qui sont les vôtres ou que l'on vous propose, la vérité ou la fausseté des mots pour les dire, qu'importe si oui ou non le « cœur » est pris! Le meilleur de vos dispositions affectives n'est pas dans le vrai mais dans le vraisemblable, et dans le jeu des marivaudages, des complaisances et des coquetteries. Vous utilisez vos réserves affectives à grands renforts de lassos séducteurs, d'enveloppements et de ronds de jambes. Vous aimez aimer et être aimé, et vous caressez de tout votre corps les êtres qu'il vous plaît de séduire et de vous attacher. Vous conjuguez les verbes charmer, appâter, miroiter, ensorceler... sous toutes leurs formes, leurs couleurs et leurs intensités. Vous êtes expert en crocs-en-cœurs, à force d'apparences aimables et aimantes, et bien fol est qui se fie à vos procédés fascinants qui font perdre leur vertu, leur innocence et leurs illusions aux trop confiants, convaincus de la sincérité de vos serments.

## JAMBAGE NON TERMINÉ

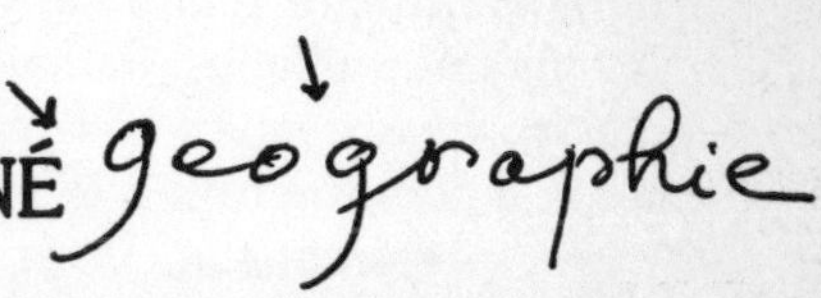


Vous exploitez peu ou maladroitement vos possibilités affectives. Celles-ci sont manifestes mais elles restent lettre morte pour des raisons qui sont à découvrir et à analyser. Il est dommage mais évident que vous tronquez vos participations affectives concrètes, vos spontanéités et vos enthousiasmes de cœur. Les causes de ces inachèvements sont multiples. Certaines sont accidentelles, comme la fatigue ou une lassitude momentanée. Il peut également s'agir de traumatismes affectifs anciens mais non encore guéris. Certaines sont permanentes. Il peut s'agir alors de traits de caractère comme la timidité, le manque d'assurance et d'aisance. Il est certain que des difficultés affectives bloquent, inhibent, l'extériorisation de votre potentiel affectif. De là des suspensions et des arrêts dans vos élans de tendresse. La première conséquence de ces cassures de rythme dans votre gestuelle affective est de vous rendre insatisfait et, par voie de conséquence, de laisser vos partenaires sur des états de manque et des faims d'affection. Il est dommage que vos réserves affectives soient ainsi rendues inopérantes. Et le conseil peut vous être donné de rechercher d'où vient exactement cette impossibilité ou cette inaptitude à mettre en forme et en gestes, bref, à concrétiser, vos états affectifs, qui ne demandent qu'à s'extérioriser.

## FORME EN HÉLICE

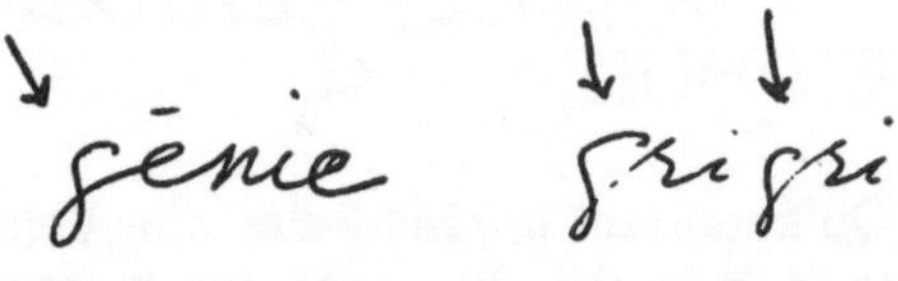

Vous utilisez vos réserves affectives avec élégance et souplesse. Par là-même, vos gestes amoureux sont aériens, spontanés, libres de contraintes, de tabous et de préjugés ankylosants. Vous avez le souci permanent de plaire, probablement afin d'être rassuré sur vos capacités d'être aimé ! Mais surtout, vous alliez affectivité et liberté. En effet, vous cherchez passionnément à vivre dans un état affectif vrai et durable, mais en même temps dynamique et ouvert à toutes sortes de sentiments originaux et nouveaux. Vous avez un instinct de curiosité qui vous pousse à entrer en relation avec votre entourage, et vous vous laissez porter par cette tendance, non dénuée de souplesse et d'opportunisme aimable. Vous n'êtes pas un être de passion, et les coups de cœur vous font peur. Vous préférez les effleurements et les suggestions aux affections pesantes. L'expression de vos sentiments est ainsi empreinte d'une sensibilité et d'une sensorialité délicates, caressantes et pudiques. Jamais mesquin ni brutal dans vos attitudes affectives, vous donnez aux moindres de vos sentiments et inclinations une coloration tout à la fois spiritualisée et où l'esthétique tient une place préférentielle. Vous êtes un sentimental diplomate. Vous avez l'art de vous adapter avec infiniment de doigté aux ambiances, aux humeurs et aux dispositions émotionnelles d'autrui. Vous êtes très perméable aux sentiments collectifs. La seule faiblesse de ces manières d'aimer, dont est bannie toute idée d'agressivité et de possessivité, peut être un irrespect pour les sentiments trop conventionnels et astreignants. Votre perméabilité affective s'extériorise harmonieusement dans la tolérance, la multiplicité et, pourquoi pas, l'éphémère.

## JAMBAGE EN TRIANGLE VERS LA GAUCHE

Vous utilisez avec raideur vos réserves affectives, si bien que vos comportements sont, d'une manière générale, empreints d'une dureté qui peut faire mal. Vous corrigez la spontanéité de vos élans de sympathie par des rigueurs qui n'ont pas toujours raison d'être. Vous êtes exigeant avec vous-même et avec les êtres que vous aimez. En fait, vous n'êtes pas libéré de « forces à rebours » qui vous contraignent à durcir les manifestations de vos sentiments. Peut-être est-ce la conséquence d'une enfance ou d'une adolescence frustrée d'affection! L'idée « d'à rebours » doit être analysée très sérieusement. A moins qu'il ne s'agisse d'une tendance à coloration sadomasochiste qui vous pousse non seulement à refuser les tendresses que l'on veut vous prodiguer et à geler les vôtres, mais aussi à souffrir d'en être privé. Vous n'acceptez donc pas spontanément les preuves d'affections qui vous sont offertes, de même que vous n'accordez pas avec un plaisir exprimé les marques d'intérêt que l'on espère de vous. De plus, non content de refuser — du moins en un premier temps — les enthousiasmes d'autrui, vous les réfutez avec un esprit de contradiction maladroit, et ce au nom de principes de prudence et de moralité que vous vous êtes fabriqués. En d'autres termes, cela s'appelle du refoulement. A être toujours sur une défensive affective, votre émotivité s'irrite et votre susceptibilité s'échauffe. Et de la défensive à l'égoïsme, le chemin est court.

# ILLUSTRATION LETTRE g

calligraphique

arrondie

anguleux

inégale

simplifiée

serrée

surélevée

jambage
de huit

jambage
non terminé

en hélice

en triangle
vers la gauche

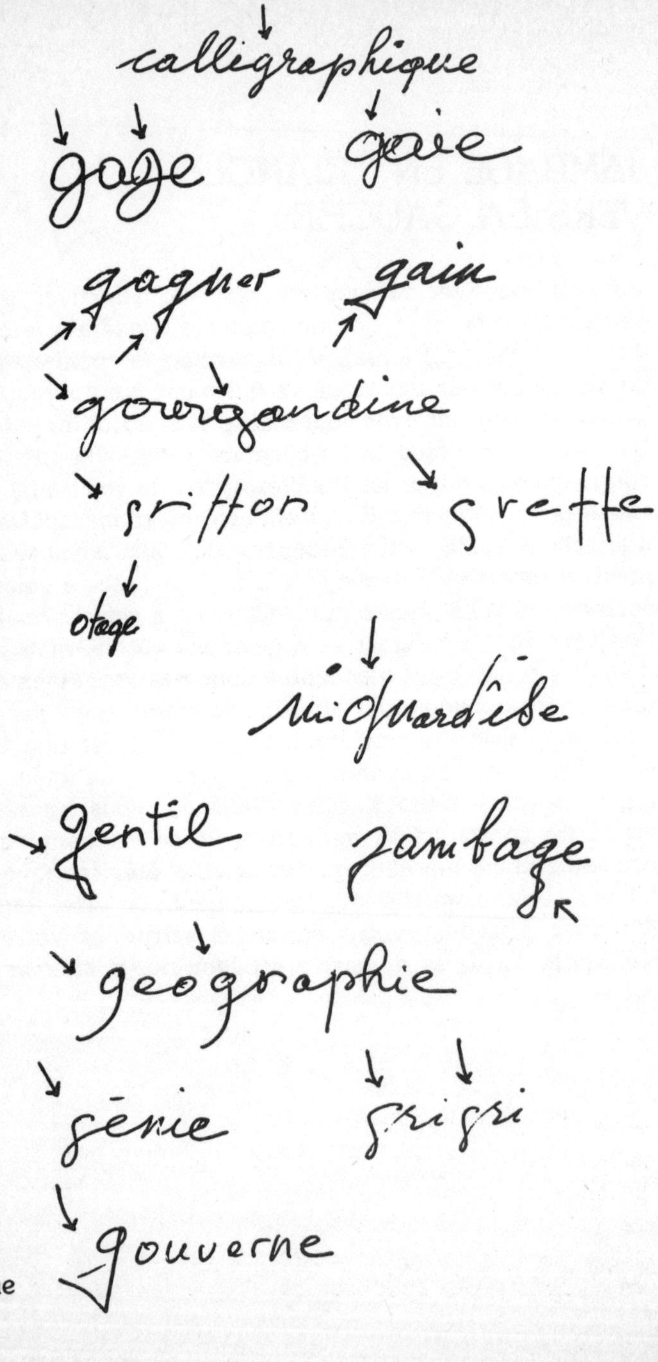

# Introduction à la lettre q

Après avoir été réfléchies, rêvées, imaginées, de toutes sortes de manières avec les lettres, b, d et g, les réserves affectives contenues dans la lettre a demandent maintenant à se réaliser concrètement. Il ne s'agit plus de parler, de promettre, d'espérer, de flirter ni même de s'offrir quelques satisfactions sensorielles comme avec la lettre g, mais de manifester ses désirs, de donner à jouir et de jouir soi-même.

La lettre q est procréatrice par son jambage en érection. L'observation et l'interprétation des différentes formes que peut prendre cette lettre renseignent sur la mise en œuvre réelle du potentiel affectif; elle est l'organe des lettres, le cerveau des instincts, celle qui en fait bon ou mauvais usage.

## FORME CALLIGRAPHIQUE

L'extériorisation de votre potentiel affectif est, sur le plan de la sexualité, sans dommages pour la morale, la raison, la vertu, la pudeur, la mesure et la discrétion... Peut-être un peu trop d'ailleurs! Vos instincts obéissent à une règle manichéenne qui vous a été inculquée et que vous avez apparemment acceptée avec sérénité, règle prévoyant deux cas : « On doit » et « On ne doit pas ». Et cela, en conformité à des conventions, traditions, principes moraux, voire religieux. Vous exprimez donc vos désirs sans précocité, sans précipitation et sans tendresse excessive. De là à vous supposer froid de corps, sec de cœur et indifférent, il n'y a qu'un pas. Vos partenaires se tromperont souvent sur la réalité de vos désirs et de vos pulsions. Ils supposeront simplement que vous êtes un bon exécutant, ponctuel, honnête et fidèle, ayant le sens du devoir à accomplir et accompli, ce qui n'exclut pas une indéniable efficacité. Certes, vous êtes tout cela, mais qui saura que, sous le masque de l'amant ou de l'amante « bien sous tous rapports », aux vertus grandes et graves, méritoires et exemplaires bouillonnent des fougues amoureuses qui ne demandent qu'à exploser. Ce qui, au demeurant, serait la plus belle chose qui puisse vous arriver : il n'est pas bon pour votre équilibre sexuel et psychologique de momifier votre corps dans la peau d'un puritain prude à l'excès.

## FORME EN g

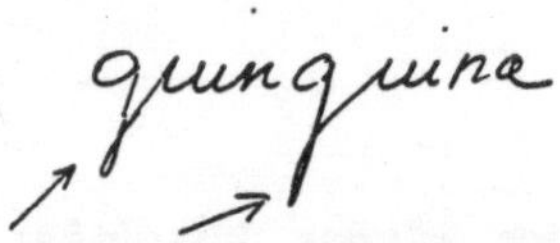

Les manifestations de votre potentiel affectif sont, sur le plan de la sexualité, aimables et délicates. Il ne s'agit plus d'exprimer des désirs sexuels mais de raconter une histoire d'amour où la gentillesse, la grâce et la prévenance se fondent en des caresses longues et tendres. Vos désirs sont enveloppés d'affectivité et vous adoucissez l'impulsivité, les ardeurs, voire l'agressivité, de vos pulsions sexuelles. Celles-ci semblent avoir besoin, plus que de réalisations actives et concrètes, d'être dorlotées et maternées, à l'instar de celles d'un enfant avide de satisfactions sensorielles. Vous avez besoin de conserver en mémoire, d'une façon assez égoïste, vos sensations amoureuses et sexuelles. Cette disposition vous donnant le goût des souvenirs, des plaisirs passés, et vous invitant à des caresses particulières vous vient d'un instinct de conservation développé, lui-même alimenté par la crainte de ne pas être aimé. Il demeure que votre sexualité est merveilleusement, généreusement et totalement adaptable aux désirs de vos partenaires, à la seule condition que votre sentimentalité ne soit pas blessée et que vous soient proposés des images, des rêveries et des fantasmes dignes des meilleurs romans-photos...

## FORME ARRONDIE

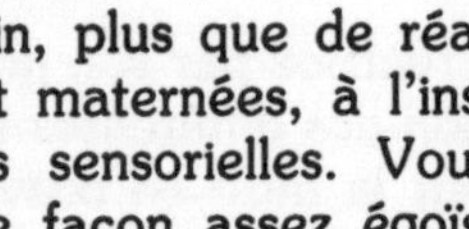

Vos « passages à l'acte » amoureux et sexuels sont tout en douceur. Malgré l'intensité de vos désirs, vous conservez des gestes tendres, des attitudes charmeuses. Vous cherchez à plaire, jamais à provoquer. Même dans les moments les plus chauds, vous ne cessez pas d'être romantique et sentimental. Il est doux et reposant d'être aimé par vous! Vous ajustez vos désirs à ceux de vos partenaires et vous avez l'art et la manière de les rendre très heureux par votre adaptabilité et vos attentions. Votre doigté amoureux joint l'utile à l'agréable... En contrepartie, il est certain que vos partenaires doivent vous approcher avec délicatesse et même élégance. Vous craignez l'amour lorsqu'il est trop instinctif ou, pire encore, brutal.

## FORME ANGULEUSE

Vos comportements amoureux et sexuels sont fermes, décidés, autoritaires même. Vos « passages à l'acte » risquent, par là même, de manquer de souplesse. Il peut vous arriver de provoquer la sexualité de vos partenaires par des invites péremptoires, tant vos impulsions sont impérieuses. Si vous restez maître de vos désirs, vos étreintes resteront agréables, mais il vous faut surveiller des tendances à un érotisme « pointu », sans délicatesse ni raffinement. Quelques tendances sadomasochistes sont ainsi possibles... Vous transformez vos pulsions sexuelles en énergie immédiate, ce qui explique l'intensité de vos corps à corps. Il ne faut donc pas vous demander de prémices longs et caressants! Par contre, votre sexualité est authentique et, de ce fait, sécurisante par sa fidélité. Dans la mesure où vous vous impliquez corps et âme dans vos passions, vos partenaires, y compris les plus exigeants, peuvent compter sur vous. En conclusion, pour vous, sentiments et sexualité se confondent et l'un ne va pas sans l'autre.

## FORME SIMPLIFIÉE

Vos « passages à l'acte » amoureux et sexuels sont rapides, vifs, élégants et vite consommés. Votre sexualité est sélective car votre imagination et votre sensibilité intellectuelle s'associent à vos instincts pour ne vous faire désirer que des partenaires particulièrement doués. Il vous faut des corps à corps intelligents et plus cérébraux que réellement sensuels. Votre curiosité sexuelle est grande, et vous vous lassez vite d'étreintes répétitives dans leur monotonie. Vous ne dédaignez pas d'accompagner vos ardeurs amoureuses de séduction verbale et de gestes délicats. Enfin, il vous faut avoir l'impression de rester libre; voilà pourquoi vous vous échappez fort élégamment des étreintes trop contraignantes. Vos partenaires ne s'ennuient pas avec vos tendresses car vous êtes habile, original et inventif. Peut-être pourrait-on vous reprocher une trop grande vivacité dans l'expression de vos désirs. Il y a, en effet, des plaisirs qui demandent patience et longueur de temps pour être satisfaisants.

## FORME INÉGALE 

Vos comportements sexuels sont sous l'emprise de votre sensibilité, votre émotivité et votre imagination. Vos « passages à l'acte » sont tout en souplesse et en opportunité. Ils varient en intensité et en qualité selon vos humeurs, l'ambiance et vos inquiétudes du moment. Il y a de la fantaisie, de l'impatience, de la nervosité, dans vos contacts amoureux. Vos partenaires sont tout à la fois excités et agacés par vos attitudes. Vous êtes également curieux de sensations nouvelles. Vos désirs suivent l'esthétique, l'originalité des atmosphères amoureuses où vous évoluez. Vos instincts sont vite allumés et vite rassasiés. Enfin, vos partenaires peuvent vous juger changeant, mobile, insatisfaisant mais cependant inoubliable...

## FORME SERRÉE 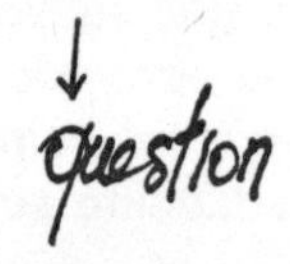

Vos comportements sexuels ne sont pas affranchis de mille interdits, tabous, contraintes, qui proviennent en général de votre éducation familiale ou religieuse. Vos désirs sont retenus et vous refusez de laisser libre cours à vos instincts. Vos relations sexuelles deviennent par là même contrôlées, réfléchies à l'excès et modérées jusqu'à l'économie. Il est évident que vos partenaires peuvent rester sur leur faim d'amour... Peut-être même avez-vous des doutes sur vos capacités? Vos comportements donnent ainsi une impression de restriction. Il est certain que cette tendance à réduire la chaleur de vos pulsions peut faire de vous un égoïste. Vos partenaires vous trouveront à la fois timide et avare, mesquin et complexé. Le fait de ne pouvoir exprimer vos désirs ne manquera pas de vous rendre mécontent, aigri et même moralisateur face à l'importance des désirs des autres. Vos partenaires finiront par se plaindre de vos humeurs taciturnes et de vos éternels scrupules.

## FORME SURÉLEVÉE 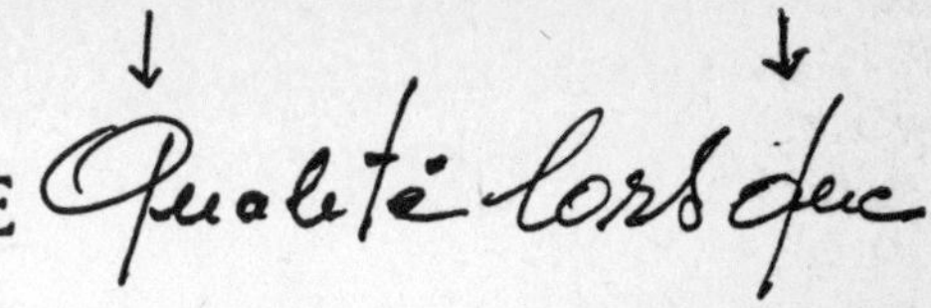

Vos comportements amoureux et sexuels ne manquent pas de panache. Comme dans tous les domaines, vous cherchez à être parfait, ce qui est louable en soi. Vous ne manquez jamais une occasion de prouver votre vitalité et vos appétits sexuels. Vous êtes naturellement un conquérant et vos partenaires vous trouvent plus dominateur que soumis. Vous avez même tendance à exagérer vos capacités : votre orgueil, votre ambition et votre sentiment de supériorité sont développés en la matière. Or il peut s'agir de vantardise plus que de possibilités réelles! Vous êtes plutôt possessif dans vos relations amoureuses et vous exigez de vos partenaires une certaine admiration, et même du respect, pour vos prouesses. Il est vrai que le partenaire qui vous admirera, ou qui fera semblant, sera aimé de vous superbement!

## FORME CASSÉE 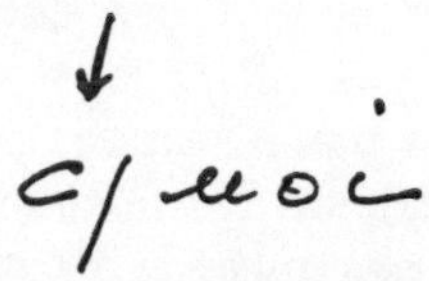

L'extériorisation de votre potentiel affectif sur le plan de la sexualité est contrariée. Certains de vos désirs restent en rade et ne peuvent atteindre leur but, comme si une barrière existait entre votre esprit et votre corps. Cette absence de communication sexuelle, de participation amoureuse, n'est pas forcément consciente. Il peut s'agir soit d'un refus concerté et voulu, soit d'un refoulement ayant des origines lointaines. Vous retardez ainsi la concrétisation de vos pulsions, ce qui a pour conséquence essentielle de les faire s'accumuler dans votre for intérieur, véritable ghetto de vos instincts. Ce processus de défense fort déplaisant, car il gèle vos satisfactions et plaisirs des sens, doit être analysé en profondeur. Sachez que vos pulsions sexuelles, parce qu'elles sont en désaccord avec votre conscience ou, éventuellement, avec vos réelles énergies physiques, sont bloquées. Vous ne refusez pas l'idée de la sexualité, mais ses réalisations corporelles. Les efforts que vous faites pour endiguer l'intensité de vos pulsions sont d'ailleurs inconscients. Attendez-vous une nuit ou l'autre à ce qu'elles surgissent sous forme de rêves, de fantasmes et d'obsessions. Le remède est de ne pas rejeter le corps sous prétexte qu'il peut vous donner des plaisirs...

## JAMBAGE EN ANGLE VERS LA DROITE

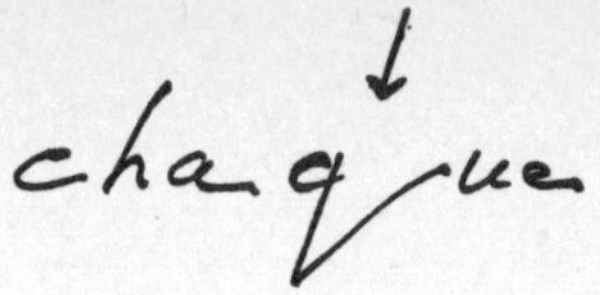

L'extériorisation de votre potentiel affectif à travers la sexualité est dynamique. Vous avez ce que l'on appelle une libido en progression. Ce qui signifie, plus élégamment, que non content d'avoir un potentiel riche et des désirs vivaces, non entravés par toutes sortes d'interdits et de tabous, vous disposez et usez de moyens efficaces et éloquents pour les exploiter. Vos désirs ne vivent pas à l'économie et vos pulsions exigent des satisfactions concrètes. Impatient, impulsif, entreprenant, fougueux, vous n'attendez pas les sensations, vous allez les chercher. Provoquer, conquérir, soumettre... n'est pas sans exciter votre sexualité. Celle-ci a donc besoin de progression, bref, de satisfactions chaque fois supérieures en qualité et en quantité. Il n'y a ni calculs ni chimères dans vos intentions sexuelles et amoureuses. Vous n'envisagez pas vos relations, vous les réalisez. Vos promenades sur la carte du tendre ne ressemblent en rien à des flâneries ou à des flirts informels. Il vous faut des corps à aimer, des étreintes concrètes et des jouissances efficaces. Vous avez ainsi une sexualité active qui ne se contente pas de vaines promesses. Cependant, vos désirs sexuels peuvent cacher des instincts d'attaque et de combat. Ceux-ci correspondent à des pulsions d'agressivité virulentes, prenant leur source dans de possibles frustrations...

## FORME EN HÉLICE

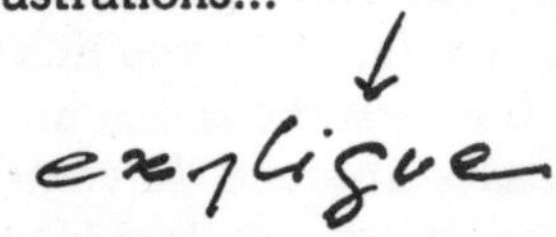

L'extériorisation de votre potentiel affectif sur le plan sexuel est à base de badinage, de flirts, de refus déguisés en acceptations et d'acceptations travesties en esquives; toutes ces manœuvres vous permettant de ne pas passer à l'acte sans un cérémonial subtil, raffiné, tout en souplesse... et parfois aussi inopérant. Mais n'est-ce pas cela que vous désirez! Contrairement aux apparences, ce n'est pas vous qui menez le bal. Tout en jouant de vos sentiments et de vos désirs pour voir jusqu'où vous pouvez aller trop loin, en faisant le tour de vos partenaires afin de les exciter sans leur appartenir tout à fait, il arrive un moment où vous tombez dans vos propres filets.
Vous avez besoin de vous croire libre et de n'appartenir à personne. Voilà pourquoi vous vous échappez, fort élégamment du reste, d'étreintes trop contraignantes. Mais en même temps, vous les recherchez... Vous craignez les contraintes de l'amour et de la

sexualité, ce qui explique vos flux et reflux dans les rôles sexuels que vous jouez. Les expressions de vos désirs sont toutes de charme et de séduction. Vous apprivoisez sans en avoir l'air, à petits coups d'effleurements tendres et de promesses informelles. On ne s'ennuie jamais avec vos tendresses, mais certains de vos partenaires, plus soucieux de jouissances que de romantisme, aimeraient que vos touchers soient plus décisifs.

## JAMBAGE EN HUIT

Les manifestations de votre potentiel affectif sur le plan de la sexualité sont redoutables tant on ne prévoit pas leur efficacité, due à une subtile combinaison de tendresse, d'érotisme, d'innocence, de spiritualité et de sensualité. Vous êtes votre propre complice dans tous ces jeux amoureux... Il ne s'agit pas de faire l'amour, mais de jouer, mimer, tricher, enlacer, mystifier... Le divertissement prime l'action et le plaisir du jeu l'emporte sur celui de la jouissance. Inconsciemment, vous donnez à l'expression de vos désirs et de vos pulsions sexuelles des formes où se mêlent l'imagination, l'esthétique et le sentimental. Est-ce de la fantaisie amoureuse, de la coquetterie, de la vanité, de l'intrigue? Dès lors que le style l'emporte sur le fond, il n'est pas impossible que l'insincérité soit au rendez-vous. En conclusion, si cet amour paraît vrai, c'est que votre divertissement aura été bien joué!

## JAMBAGE DIRIGÉ VERS LA GAUCHE

Vous n'exprimez pas votre potentiel affectif, sur le plan physique, avec toute l'aisance et le plaisir recommandables. Les manifestations de votre sexualité sont marquées par des idées de frustration, de fuite et par là-même de régression. Vous ne donnez pas à vos désirs la possibilité de se concrétiser spontanément et harmonieusement dans des échanges altruistes. Probablement du fait d'insatisfactions affectives vécues pendant l'enfance, vous ne croyez pas au partage, à la réciprocité, aux correspondances et à la communion des cœurs et des corps. Vous éprouvez même une certaine hostilité vis-à-vis des autres, si bien que vous déplacez vos pulsions vers des substituts, sécurisants à vos yeux car incorporels, que vous tirez du catalogue de vos souvenirs, expériences passées, imaginations, rêves et obsessions... Les conséquences de ces refus ou impossibilités de vivre pleinement vos désirs sont pénibles, et pour vous et pour votre entourage. Il est surtout à prévoir une dépendance de votre part à des idées ou à des êtres ayant pour vous une aura réconfortante. Vous vous accrochez alors exagérément à des repères issus de votre enfance. Et tout se conclut par l'abandon de vos échanges sexuels, en cours de route ou avant même qu'ils ne soient entamés, au profit de créations imaginaires, non dénuées de nostalgie...

## FORME A L'ENVERS, EN NŒUD

L'extériorisation de votre potentiel affectif, sur le plan de la sexualité, est empreinte de désinvolture. Vous avez l'art des diversions sexuelles. Vos désirs sont prétexte à sortir d'une certaine nostalgie existentielle et leur concrétisation vous permet de vous installer dans un paradis artificiel où la fantaisie et la facilité, la souplesse et l'intrigue, sont privilégiées. Vous appréciez les relations sexuelles et amoureuses faciles à faire, aisées à défaire, qui ne laissent pas de traces et qui n'exigent pas d'efforts. Vous supportez mal, en effet, que soit entamée votre indépendance d'esprit, de cœur et de corps. Votre sexualité est plaisante à observer, dans la mesure où vous êtes un amant ou une amante tolérant, accommodant, malléable et libre. Pourtant, toutes ces belles qualités ne sont qu'apparentes! En réalité, vous avez peur de vous attacher et d'être attaché.
D'où une tendance à rechercher des sentiments et des sensations superficiels et éphémères. Nécessairement insatisfaisants pour vos partenaires, vos comportements amoureux semblent anarchiques. Bien sûr, vos mouvements sont dégagés, lestes, familiers, légers et même impertinents. Tout cela ajoute à votre séduction. Dès lors que vous ne souhaitez pas appartenir à autrui, il vous est loisible de vous occuper de votre propre intérêt. D'où un petit côté égoïste et égocentrique. Enfin, il y a dans vos attitudes une illustration du « jeu de l'amour et du hasard » : vous étalez vos désirs comme on lance des dés, misant que vos partenaires perdront leur cœur, leur corps et leur âme pour vous, et vous n'hésitez pas à user de subterfuges et de magie pour mieux les leur faire perdre!

# ILLUSTRATION LETTRE q

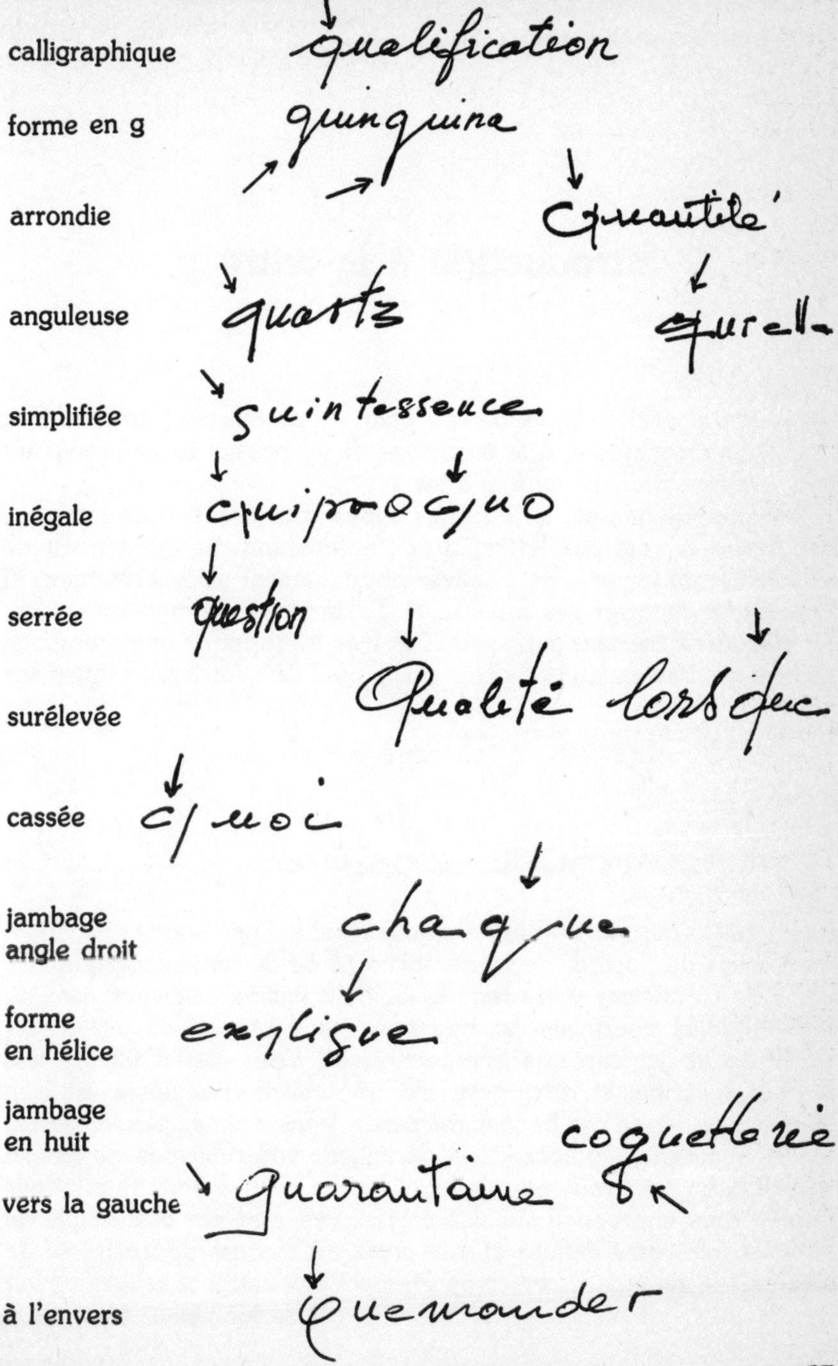

# Introduction à la lettre p

Le trait-étalon (i) — privé de son point — s'intéresse à présent aux réalisations concrètes, à la technique et au physique, en besognant son jambage dans la zone inférieure.
Dépourvue de hampe, la lettre p n'a pas pour vocation de réfléchir. Elle laisse ce rôle aux lettres d et l notamment. Sa mission est de « travailler du jarret », de s'activer physiquement et concrètement. Il lui plaît de montrer ses travaux et d'exercer ses compétences.
Des locutions imagées expliquent fort bien les rapports entre jambage et activité. Par exemple : « être sur le pied de guerre », « mettre sur pied »...

## FORME CALLIGRAPHIQUE

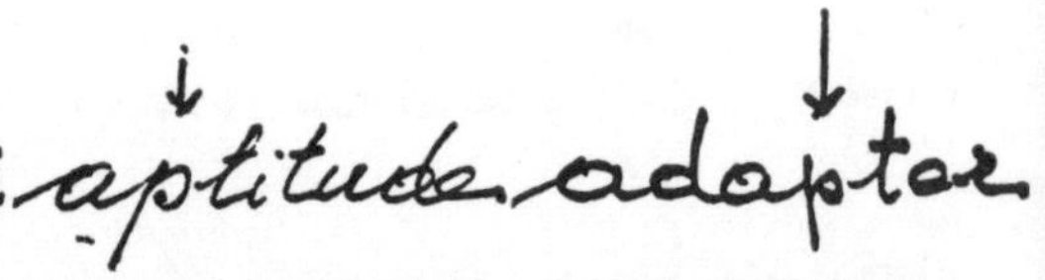


Votre savoir-faire en matière d'amour résulte d'une bonne éducation. Vous avez de l'ordre, de la discipline et de la conscience quand il s'agit de manifester votre tendresse. Cela signifie que vous avez du doigté, de la courtoisie, et que vous ne vous risquez pas à des privautés et des caresses irrespectueuses. Vous êtes d'ailleurs très attentif à vérifier si votre gestuelle amoureuse et sexuelle est bien conforme au code des bonnes manières. Vous n'aimez pas les gestes qu'on appelle « déplacés » : ils dérangent vos principes de bonne moralité. En fait, vous ne prenez guère de risques amoureux! Vous faites bonne impression sur vos partenaires, tant par votre style de vie que par votre dignité et une sorte de charme discret plein de retenue, de sérieux. Votre comportement amoureux et sexuel est fait de distance, jamais d'imprudence. En conclusion, vous êtes, dans votre approche des contacts physiques, sérieux et pragmatique. Vous aimez le travail bien fait et votre amour-propre passe avant l'amour tout court. Vos partenaires vous trouveront peut-être élégant et d'une grande gentillesse, mais trop sobre et même calculateur, avare de vos tendresses.

## FORME ARRONDIE

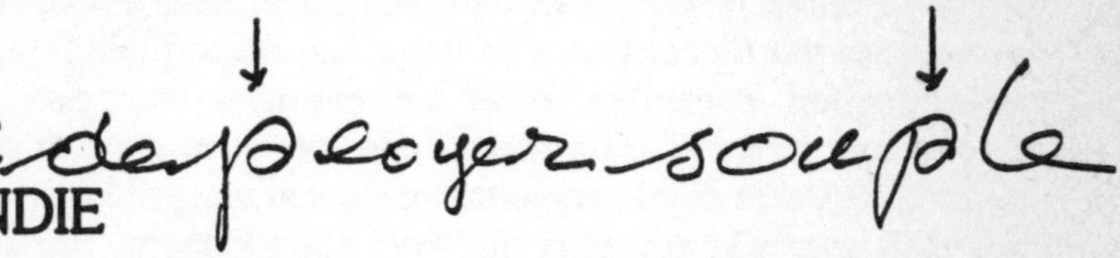

Votre savoir-faire amoureux et sexuel est empreint de bon goût, d'esthétique et de belles manières. Vos approches sont aguichantes, séduisantes, et vous ne laissez aucun partenaire indifférent. Vous séduisez par la subtilité et la douceur de vos attitudes. Il est vrai que vous cherchez à être rassuré sur le plan de l'amour. Le meilleur moyen étant d'attirer vous-même l'attention et la sympathie, et de vous rendre indispensable. Vous êtes donc débordant de talents amoureux et d'attraits; on peut compter sur votre douceur et votre compétence. Mais vous êtes également conscient que vous pouvez produire des effets dévastateurs! Toutefois, il ne vous déplaît pas d'être un amoureux intrigant, sachant feindre le désir afin de capter l'exclusivité. Il semble que vous avez un besoin insatiable de séduire. Et pour ce faire, vous déployez des talents dignes du meilleur comédien. Vous savez flatter souplement et habilement vos partenaires et adapter votre jeu amoureux à celui de qui vous voulez séduire. Enfin, il faut noter que vous possédez un certain talent inventif et beaucoup d'imagination pour conquérir les cœurs et les corps que vous convoitez.

## FORME ANGULEUSE

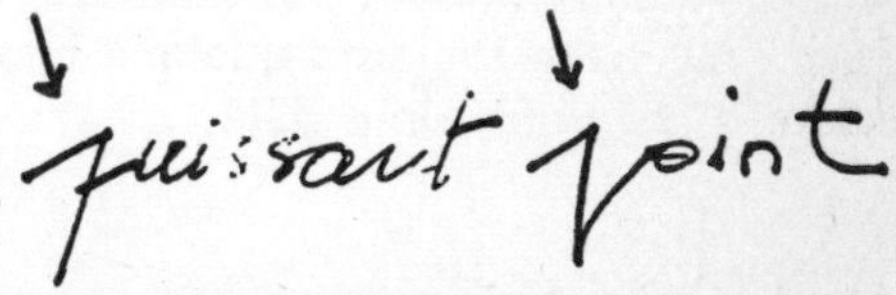

Votre savoir-faire amoureux et sexuel est magnétique. Vous êtes facilement provocateur, critique et même sarcastique, mais il n'est pas exclu que votre séduction passe par votre cynisme. Vous aimez la compétition en amour; cela renforce votre volonté de séduire et vous assure de votre efficacité de gagneur. Vos jeux de séduction ne font pas appel à la tendresse mais plutôt à l'agression. Vous êtes un être de caractère, avec une sexualité forte et des instincts puissants. Il vous faut donner libre cours à vos énergies afin de ne pas être perturbé par elles. Mais si votre tempérament est instinctif et passionnel, votre volonté est également forte. Cela vous permet de maîtriser vos pulsions et de tenir en laisse vos désirs. Votre savoir-faire amoureux peut manquer de souplesse et d'habileté. La douceur n'est pas votre fort! Vous êtes généralement hardi dans vos entreprises amoureuses et vous ne manquez pas de confiance en vous. Ces deux qualités vous donnent une séduction considérable et un charisme sur des partenaires disposant de moins d'assurance. Vous êtes ainsi aimé et estimé, mais aussi craint. Votre devise semble être « qui m'aime me suive » et vous ne vous retournez pas sur ceux qui vous abandonnent. Par contre, vous êtes sécurisant et d'une fidélité à toute épreuve envers ceux qui acceptent de s'enchaîner à vous.

## FORME SIMPLIFIÉE

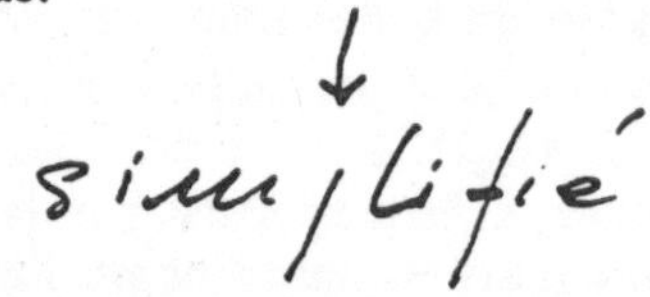

Votre savoir-faire amoureux et sexuel est habile, précis, spirituel et de bon goût. Vous associez l'esprit pratique, le goût de l'action, une rapidité de résultat et une adresse de geste. Vous êtes un amoureux magicien car sachant séduire qui vous voulez, autant par les mots que par les gestes. Vos séductions sont rapides car vous possédez une multitude de talents et de dons pour vous adaptez aux êtres, à leurs humeurs et aux ambiances. Vous changez rapidement de rythme, de propos et d'attitude selon les circonstances. Vous pouvez être touchant de timidité et de dévouement puis soudain passionné et exubérant. Votre savoir-faire amoureux n'est jamais conventionnel. Vous êtes plein de surprises et d'imagination. Cela, tout en restant d'une grande courtoisie pour vos partenaires. Êtes-vous un amoureux passionné, un grand romantique ou un illusionniste? Vos comportements amoureux sont enrichissants et stimulants pour vos partenaires. Vous avez toujours quelque chose à dire ou à faire pour mieux séduire qui vous aime déjà.

## FORME INÉGALE

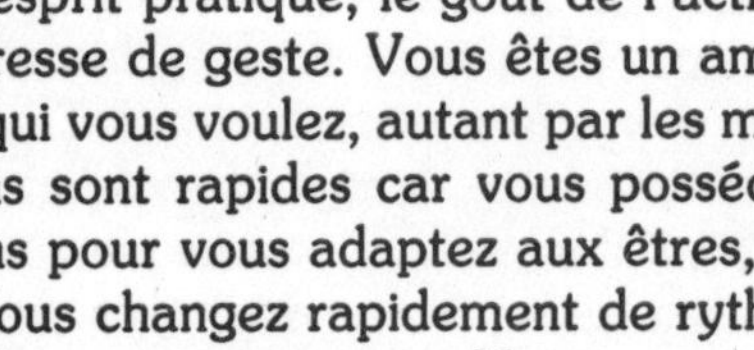

Votre savoir-faire amoureux et sexuel est irrégulier. En effet, votre sensibilité, votre émotivité, dominent vos instincts purs. Vous avez une imagination développée, un tempérament vif et mobile, mais surtout des humeurs changeantes. Vos partenaires peuvent d'ailleurs ne pas toujours vous trouver supportable! Votre approche de l'amour et de la sexualité suit votre impulsivité, vos impatiences et aussi votre nervosité. Vous avez des accès de tendresse suivis de reculs, des crises de mélancolie compensées par de l'enthousiasme. Les rêves vous plaisent ou vous déplaisent soudainement. Toutes ces alternatives de haut et de bas ne doivent pas être comprises comme des caprices mais plutôt comme des difficultés d'être. Il est certain que vous désirez plaire et être aimé, et que vous avez tous les dons pour y réussir. Vos partenaires ne peuvent résister à vos facettes sentimentales et rêveuses, à vos propos « fleur bleue ». Mais, vous pouvez aussi apparaître irresponsable dès lors que vous entraînez vos partenaires dans des désillusions sentimentales. Votre vie sexuelle est sujette à des à-coups. Il faut surveiller une imagination qui vous prédispose aux jeux de l'amour et du hasard, aux fugues, aux indisciplines et aux infidélités. Il est clair que la vie de votre cœur et de votre corps ne peut être que mouvementée.

## FORME SERRÉE

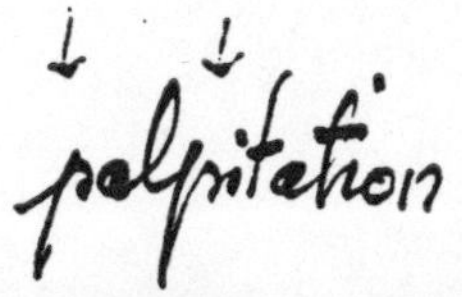

Votre savoir-faire en matière d'amour et de sexualité est réduit à sa plus simple expression. Vous avez des difficultés à exprimer vos désirs et il n'est pas impossible qu'un conflit existe entre vos intentions conscientes et vos forces réalisatrices. Pour des raisons qui restent à analyser en profondeur, vos pulsions sont inhibées, réduites, étouffées. Vous adoptez envers l'amour des attitudes vigilantes et vous craignez les contacts amoureux et sexuels. Peut-être y a-t-il un renoncement voulu aux choses de l'amour, à moins qu'il ne s'agisse d'une attitude répressive due à une sorte de conscience morale. Vos partenaires ne pourront que se plaindre de vos attitudes de froideur et de cette répression, souvent inquiète, de vos désirs. Mais il n'est pas impossible que votre sexualité s'éveille et que vos impulsions érotiques s'animent à l'occasion d'une rencontre libératrice avec un partenaire intelligent et compréhensif.

## FORME SURÉLEVÉE

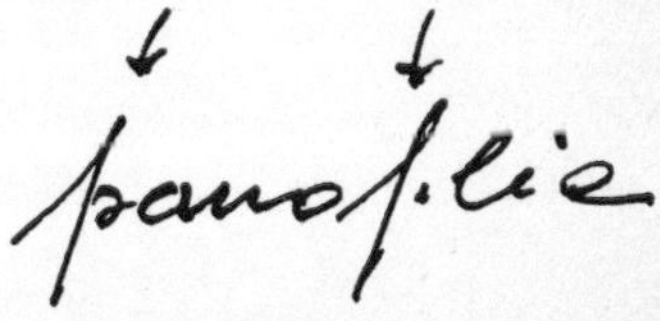

Votre savoir-faire amoureux et sexuel est de bon goût. Vous êtes, d'une manière générale, conscient d'un certain mérite personnel et de la valeur de vos énergies. Il en est de même sur le plan de l'amour, où vous appréciez d'être admiré. Vous avez bonne confiance en vous et votre optimisme est à son zénith. Cette croyance en votre valeur repose certes sur de réelles possibilités, mais il n'est pas exclu que vous surestimiez parfois vos capacités. Votre doigté amoureux et sexuel est assez autoritaire. Vous aimez être obéi en amour et vous faites en sorte d'être le meilleur dans votre catégorie. Vous êtes assez envahissant avec vos émotions, vos désirs et vos instincts. Cela vient de votre nature passionnée et d'une aptitude à donner de l'ampleur au moindre de vos sentiments. Il y a ainsi de la générosité et de la noblesse dans vos contacts amoureux. Vous êtes un partenaire agréable à vivre, mais parfois trop exigeant. En conclusion, vous êtes un amoureux respectable, ayant de l'assurance, de l'autorité et même de la noblesse. Il est certain que votre besoin de briller devant vos partenaires peut provoquer de l'agacement, voire de la jalousie. A surveiller, donc, des gestes pompeux, qui pourront d'abord plaire mais qui, à la longue, fatigueront vos partenaires plus simples et plus vrais.

# ILLUSTRATION LETTRE p

calligraphique

arrondie

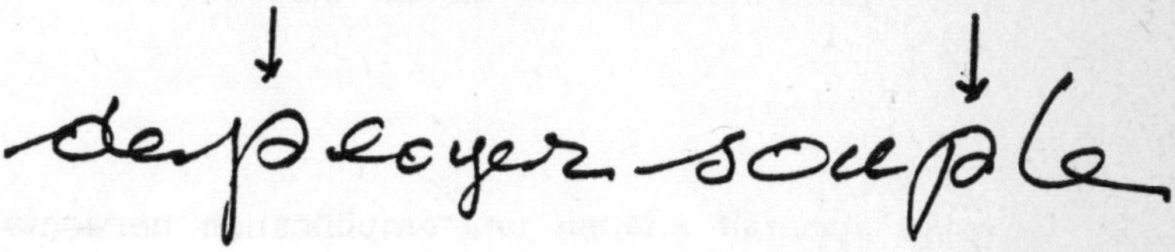


anguleuse

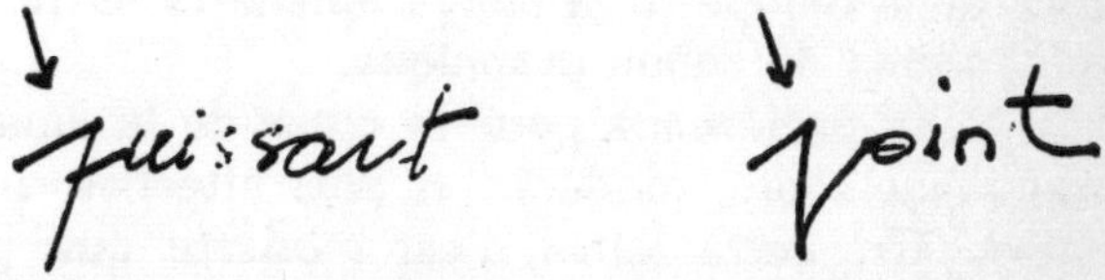


simplifiée

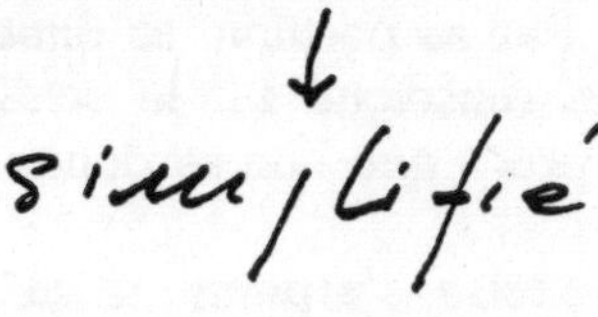


inégale

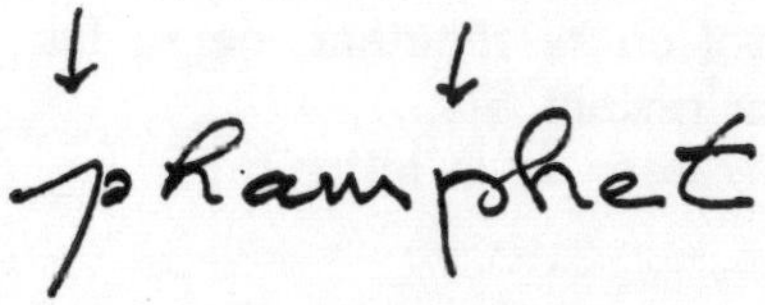


serrée

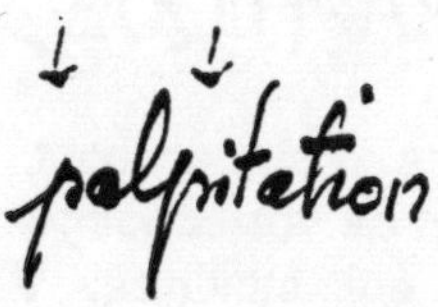


surélevée

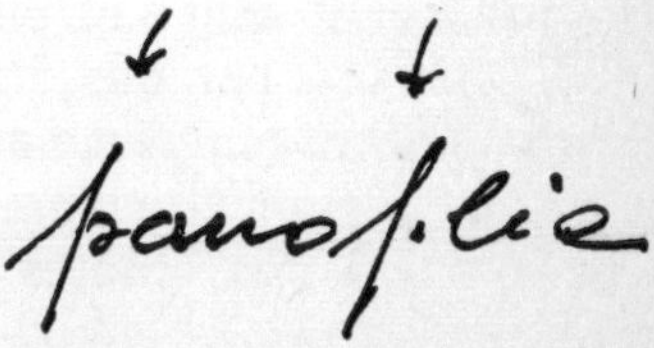

# Introduction à la lettre m

La lettre m apparaît comme une amplification horizontale de la lettre-étalon i, mais sans point. Cette forme basse, ondoyante et répétitive, avance vers la droite à la manière d'un mètre qu'on déplie. Le tracé sans hampe ni jambage amène la lettre m à se déployer entre les lignes du ruban graphique.
Du fait de sa préférence pour le cœur de la ligne, la lettre m est apparemment sobre, modérée et plus affective qu'intellectuelle ou instinctive. Or, cette lettre n'est modeste que parce qu'elle est mesurée et mesurable. Par sa position, sa dimension en longueur et en hauteur, la lettre m renseigne sur le sentiment qu'on a de sa propre valeur, sur le « prix » que l'on se donne, le « poids » que l'on pense avoir.
Cette lettre se mètre, se toise, s'arpente, se calibre, se mesure... Elle permet de parler de soi en se répétant, de se fuir, de s'opposer, d'être plusieurs tout en restant Soi...
Impossible de se débarrasser de la lettre m!

## FORME CALLIGRAPHIQUE

Vos ambitions en matière d'amour sont « honnêtes », comprenez qu'elles sont en proportion de vos capacités et conformes au code du bien aimer qui vous a été inculqué. Vous êtes un être sage, raisonnable et attentif à ne pas gâter votre équilibre de vie ou celui de votre partenaire par des émotions marginales. Vous connaissez la mesure de votre tempérament et vous utilisez vos forces vives pour vos plaisirs personnels comme pour la satisfaction de vos partenaires en obéissant à des critères de moralité, de courtoisie et de bienséance. Il faut comprendre que votre confiance en vous et en vos possibilités a besoin d'être protégée et rassurée; de là un instinct de conservation développé qui vous évite des ambitions amoureuses et sexuelles maladroites et disproportionnées. Vous n'êtes ni vaniteux ni timide, ni arrogant ni humble dans vos aspirations. Vous êtes réaliste, scrupuleux et logique. Pas d'excès, pas de vagues ni de grandes passions, mais des affections, des désirs et des caresses mesurés. Il est certain que ces sagesses amoureuses et sexuelles peuvent cacher des excitations et des ardeurs insoupçonnées! De même que l'on dit « trop poli pour être honnête », vos ambitions trop honnêtes peuvent hypocritement dissimuler de belles passions.

## FORME ARRONDIE

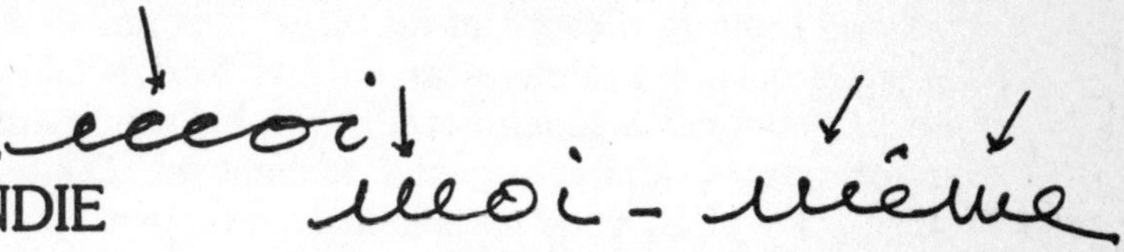

Vos ambitions amoureuses et sexuelles sont adaptables, vous ne doutez pas de vos possibilités et vous savez combien votre potentiel affectif est à la disposition de vos partenaires. Vous êtes ouvert à l'amour, à l'amitié, spontanément et chaleureusement, sans vanité aucune. Vous vous connaissez un cœur tendre et un corps disponible à l'amour et à la volupté. Toutefois, il faut que vos partenaires ne soient ni agressifs ni critiques, ni brutaux ni inélégants... Vous ambitionnez une vie amoureuse à base de tolérance et de compréhension, d'échanges et de bienveillance, de complicité et d'harmonie. Les sentiments de sympathie, de bonté même, l'emportent toujours chez vous sur l'autorité et l'intolérance. Vous avez en permanence besoin de manifestations de tendresse. De plus, vous êtes amateur d'esthétique amoureuse. Or cette tendance peut vous entraîner dans un opportunisme affectif. A force de vouloir être aimé, vous jouez la carte de la romance et de la séduction, y compris avec des partenaires qui ne vous intéressent pas vraiment. Attention donc aux ambitions enveloppées de caprices et de superficialité pour le seul plaisir d'aimer et d'être désiré...

## FORME ANGULEUSE

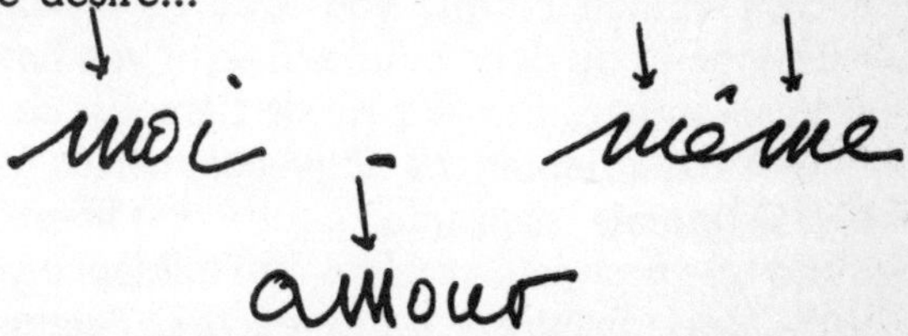

Vos ambitions dans le domaine de l'amour sont fermes, définitives et plutôt secrètes. Ces dispositions peuvent d'ailleurs vous poser

quelques problèmes de communication car vos partenaires, n'étant pas nécessairement aussi rigides que vous, vous réclameront de la tendresse et de l'émotion partagée. Chose que vous ne pourrez pas spontanément leur donner. En matière d'échanges amoureux, vous avez une volonté de résultats et des ambitions solides et réfléchies. Les sentiments maladifs, maladroits, inachevés et capricieux, ne vous intéressent pas. Il y a même chez vous un danger de domination amoureuse.
Vous ne doutez pas de votre valeur et de vos capacités. Du moins l'affirmez-vous! En fait, vous êtes conscient de votre loyauté dès l'instant où vous vous êtes engagé; et vous exigez de vos partenaires une identique droiture d'esprit et de cœur. Vos ambitions amoureuses sont irréprochables. Vous êtes un être fier, résolu, mais aussi rigoureux et peu facile à séduire et à aimer. Mais qui peut savoir que vos comportements durs et rugueux cachent en réalité de grandes inquiétudes... En effet, vous oscillez intérieurement entre le souhait de vivre des passions brûlantes, exclusives et définitives, et des réactions d'indépendance et de parfaite autonomie. Les bienfaits de tels penchants pour un amour pur et dur sont d'obliger vos partenaires à se surpasser et à améliorer leurs performances afin de mieux vous suivre. Le conseil est d'apprendre à arrondir les angles de vos ambitions...

## FORME SIMPLIFIÉE

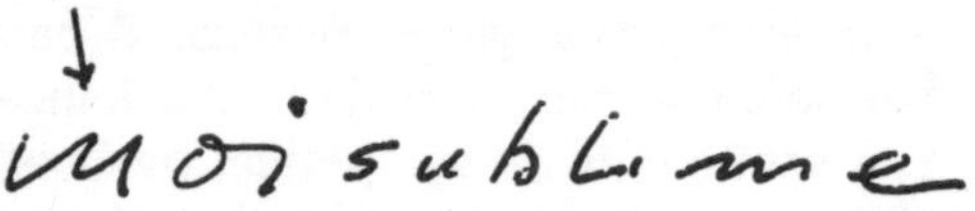

Vos ambitions sont intelligemment réfléchies et menées à terme. Vous voulez des résultats rapides, en souplesse, sans heurt ni conflit. De plus, votre curiosité est grande et vous porte à connaître toutes sortes de sentiments et de sensations avant de vous arrêter à un choix définitif. Vos ambitions sont ainsi sélectives. D'une manière générale, vous ne manquez pas de confiance en vous. Vous savez comment obtenir ce que vous désirez et vous possédez nombre de dispositions et de dons pour arriver à vos fins. De plus, vous êtes un être indépendant. Sur le plan de l'amour, ce désir d'autonomie vous pousse à des orientations nouvelles, certes généreuses et chaleureuses, mais jamais frustrantes pour votre liberté. Enfin, il faut compter sur une très grande sensibilité, qui influence vos décisions. Vous êtes, d'autre part, inspiré par les décors, l'esthétique et la poésie des ambiances amoureuses.
Il faut noter que vous ne vous leurrez pas sur vos possibilités. Vous

êtes franc dans l'expression de vos désirs, dans la mesure où vous ne voulez pas perdre de temps avec des sentiments frelatés ou des partenaires hésitants. Vous laissez donc à d'autres le goût des complications et des infidélités déséquilibrantes. Tout à vos recherches de liaisons heureuses, plaisantes et faciles, vous risquez cependant de favoriser quelques sentiments superficiels. Par instants, il semble que vos ambitions amoureuses aient des ailes! Dans l'expression de vos désirs, vous n'êtes ni autoritaire ni agressif. Tout en sachant ce que vous voulez et en mesurant les limites de vos ambitions, vous ne vous imposez pas à vos partenaires. Enfin, il n'est pas impossible que, tout à vos quêtes d'absolu et d'idéaux, vous ne sublimiez vos désirs. Tant pis alors pour les appétits de sensations de vos partenaires plus gourmands!

## FORME INÉGALE

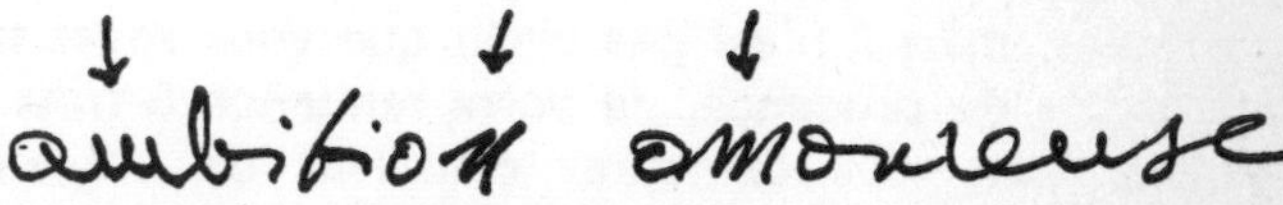


Vos ambitions sont fluctuantes. Vous espérez tantôt vibrer au rythme de sentiments passionnés, tantôt être excité par toutes sortes d'affections et de désirs changeants, originaux et fantasques. Sur le plan de l'amour et de la sexualité, il semble bien que vous doutiez de vous... Vous êtes à mi-chemin entre « je veux, je peux définitivement » et « je veux, je peux momentanément »! Le responsable de vos humeurs mobiles est votre instinct de curiosité développé. Il vous faut une multiplicité de sensations, et vos ambitions suivent le même tempo. Vous n'êtes pas facile à comprendre tant il y a de la dualité dans vos pulsions, désirs et comportements. Il y a une grande dose d'imagination, de sensibilité et d'inquiétude dans votre définition de l'amour. C'est cela qui vous donne cette séduction inégalable! Enfin, vos ambitions amoureuses ont le privilège de s'adapter à celles de vos partenaires. Vous vous contentez alors de suivre qui vous aimez. Mais seulement pendant quelque temps, car l'ennui vient vite chez vous. L'avantage d'avoir des ambitions modelables est de vous rendre toujours adolescent. En effet, vous n'usez jamais vos désirs amoureux puisqu'ils sont interchangeables! Mais, dans ce jeu de l'amour et du hasard, il faut compter sur les insatisfactions et éventuelles frustrations de vos partenaires.

## FORME SERRÉE 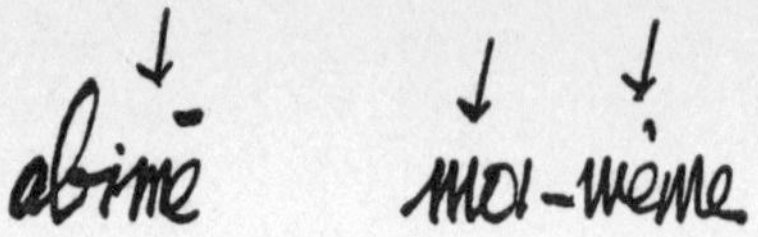

Pour des motifs à analyser en profondeur vous réduisez vos ambitions amoureuses. Il y a en effet toutes sortes de restrictions, de prudences, de pudeurs et même de souffrances, dans votre définition de l'amour. Vos partenaires doivent absolument comprendre et accepter ces « difficultés » pour continuer à vous aimer. Sinon l'estime que vous vous portez et votre confiance en vos possibilités s'en trouveront abîmées. Vous voudriez une vie amoureuse et sexuelle à l'abri des inquiétudes et des conflits. Ce souhait est normal mais, chez vous, il est associé à un fatalisme quelque peu pessimiste. Voilà pourquoi vous préférez le repli, la concentration et finalement l'égoïsme. Vos ambitions sont ainsi disciplinées, mais il n'est pas exclu que vous soyez malheureux de votre excès de prudence, de votre tendance à trop conserver vos énergies. Car vous demeurez conscient de vos « économies de désirs ». Il est certain que vos partenaires auront à se plaindre de quelques mesquineries! A moins que vous ne leur expliquiez que vos silences sont le reflet de vos doutes et que vos hésitations sont l'écho d'une trop grande sensibilité.

## FORME SURÉLEVÉE 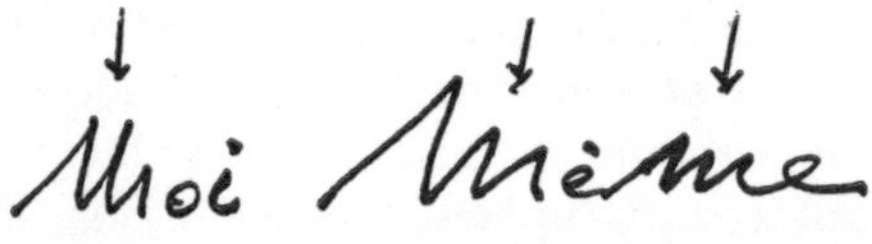

Vous avez en amour, comme dans d'autres domaines, des ambitions supérieures. Vous aimez dominer vos partenaires, et cela sans toujours vous en rendre compte. Vous êtes celui ou celle que l'on admire, que l'on suit et que l'on aime. Il est vrai que vos désirs sont enthousiastes et communicatifs. Qui vous aime ne peut que se laisser emporter par votre lyrisme amoureux! Cette confiance en vous que vous exhibez mérite une explication. Vous êtes, certes, un être ardent, aux désirs intenses, capable de grands sentiments et d'une belle générosité, mais vous n'êtes pas toujours rassuré sur l'estime que l'on vous porte. Ainsi, c'est pour minimiser ce doute qu'il vous arrive « d'en rajouter ». Et vous voilà exigeant de l'admiration de vos partenaires afin d'être sécurisé sur l'intensité des sentiments qu'on a pour vous. Les flatteries servent à calmer vos inquiétudes de ne pas être aussi rayonnant que vous espérez l'être. Vos ambitions sont ainsi plus belles que nature et vous avez des aspirations grandioses auxquelles vos partenaires croient un certain temps. Il est sûr que ces « enflures » ne sont pas loin de l'orgueil et de la vantardise ! Vos possibilités amoureuses étant naturellement brillantes, il est dommage de les ternir par des susceptibilités et autres manifestations d'amour-propre inutiles.

# ILLUSTRATION LETTRE m

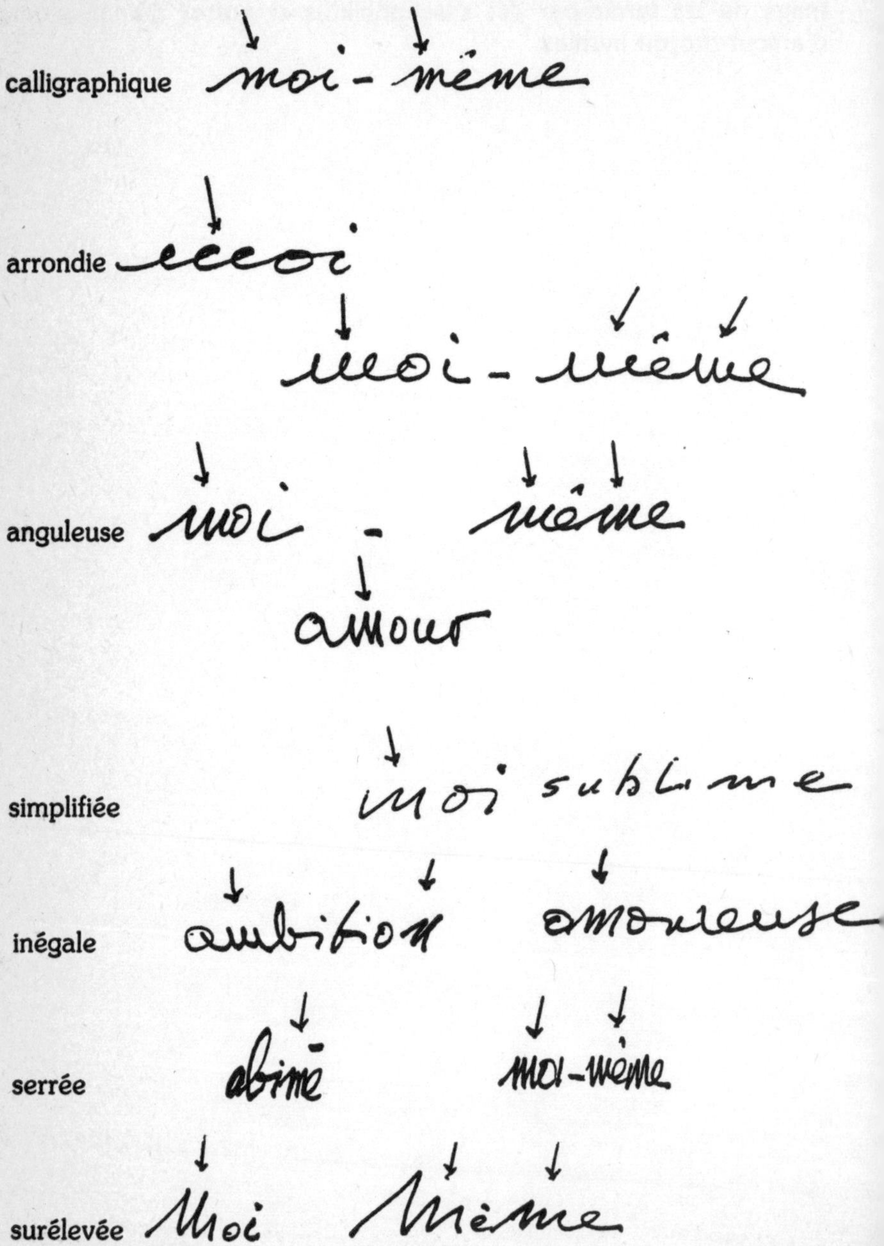

# Introduction à la lettre f

Le dessin de la lettre f, sous sa forme calligraphique, peut être analysé comme une amplification de la lettre e. Celle-ci, par un développement des mouvements graphiques, se trouve haussée d'une hampe dans sa partie supérieure et allongée d'un jambage dans sa partie inférieure. Le f a le privilège d'associer trois éléments : un nœud central (e) d'essence circulaire et deux traits — hampe et jambage — à vocation verticale et en partie rigides. Sans oublier les petits traits de liaison, initial à gauche et final à droite.
Les multiples directions fréquentées par le f en font une lettre rose-des-vents, synthèse d'un caractère. Et les composantes privilégiées de la personnalité s'y trouvent indiquées comme par l'aiguille aimantée désigant le nord sur le cadran d'une boussole.
L'observation et l'interprétation de la ou des zones dans lesquelles s'inscrit la lettre f, renseignent sur l'évolution de la personnalité dans son ensemble. De plus, le choix des « secteurs » — haut, bas, centre — visualise les pôles d'attraction, les zones d'expansion, et inversement, celles d'atrophie des tendances et des fonctions.
En conclusion, par sa hampe, la lettre f, imagine, se recueille... par son nœud central, elle aime, s'attache, souffre... par son jambage, elle possède, jouit, se refuse...

## FORME CALLIGRAPHIQUE

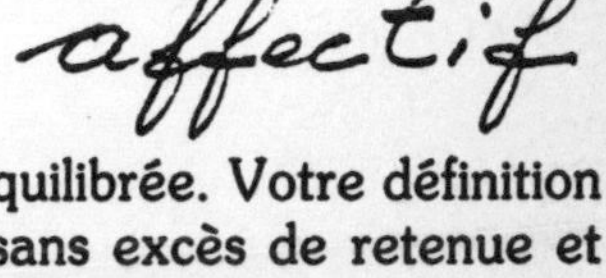


Votre personnalité dans son ensemble est équilibrée. Votre définition de l'amour est saine, objective, classique, sans excès de retenue et sans exagération de fantaisie. Vous associez sentiment et obligation, plaisir amoureux et devoir. Votre obéissance à des critères de « bien aimer » est votre plaisir. Des habitudes et, même, une certaine routine dans votre vie affective ne vous gênent pas. Vous avez d'ailleurs besoin de programmes, d'horaires, de méthode et de sécurité pour être pleinement satisfait. Vos instincts amoureux sont mesurés et contrôlés afin qu'ils ne choquent pas vos partenaires. Vos relations avec ceux-ci sont d'ailleurs fidèles aux engagements pris, sans nécessité de donner ou de recevoir plus qu'il n'est convenu et convenable. Vous vous souhaitez, dans le domaine de l'amour, enthousiaste, apte à communiquer voire à vous enflammer. Mais vous n'êtes pas dupe de ces vélléités! De là, une idée de « distance » dans vos comportements. En conclusion, vous uniformisez vos affections et vos désirs selon des principes acceptés de constance et de modération. Cela peut aussi s'appeler, à la longue, ennui et monotonie...

## FORME ARRONDIE

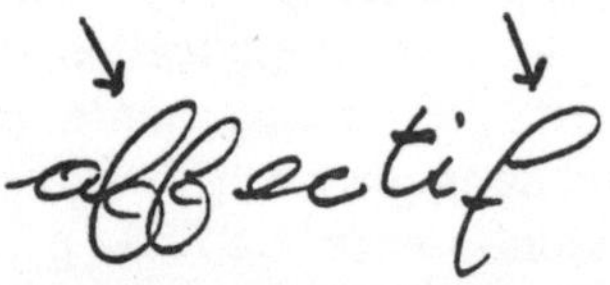

Vous êtes un être équilibré et équitable, tolérant et adaptable. Vous êtes plus romantique et sentimental que conquérant et vous vous sentez disponible à toutes sortes de sentiments pourvu qu'ils soient débordants d'attention, d'affection, de conciliation et de gentillesse. Vos engagements affectifs sont empreints de grâce et d'accommodements. Plus que d'autres, vous avez besoin de vous sentir aimé, ce qui peut vous amener en désespoir de cause à rechercher des partenaires à tout prix. Votre objectif est donc de trouver un partenaire aimant, compréhensif, de bon goût de préférence, sensible à la beauté et à la bonté. Vos appétits physiques sont développés; vous consommez l'amour avec gourmandise! Le succès de votre vie de couple dépend pour beaucoup de vos partenaires. En effet, étant un être sociable et social, vous n'avez aucun goût pour la solitude. Votre faiblesse réside dans ce constant besoin des autres : vous vous ennuyez jusqu'à la déprime lorsque les circonstances veulent que vous soyez seul. En conclusion, votre grande sociabilité et votre désir de plaire font de vous un épicurien fuyant la laideur, les contraintes trop pesantes et toute forme de solitude.

## FORME ANGULEUSE

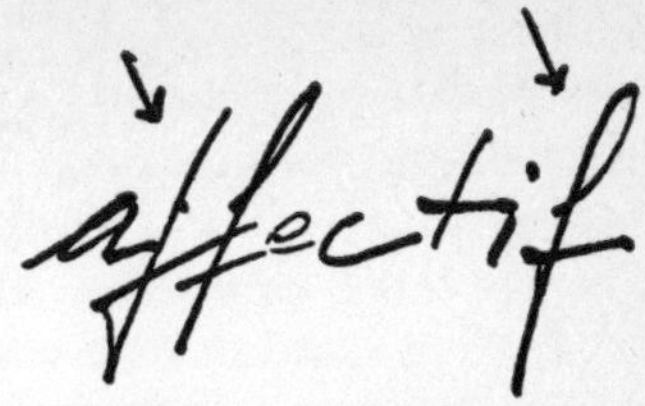


Vous êtes apte à diriger et à gouverner vos ambitions affectives et amoureuses, et par là-même, à contrôler vos passions et à surveiller avec acuité et critique les sentiments que l'on vous porte. Tout l'équilibre de votre vie de cœur repose sur la maîtrise de vos pulsions et sur le recours à la tempérance. Mais n'est-ce pas trop vous demander? On vous reconnaît des qualités de fermeté qui peuvent vous valoir beaucoup d'estime. Mais si vos critiques sont justes et impartiales, vos propos et attitudes sont, d'une manière générale, rigides, rigoureux et cassants. En amour, vos tendances vont à l'exclusivité et à la sévérité. Il n'est donc pas étonnant que vos partenaires puissent vous trouver difficile à vivre à temps complet... Votre caractère est déterminé, souvent secret mais non dépourvu d'orgueil. Vous aimez et vous quittez avec détermination et virulence. Il peut arriver, quand vient l'heure des relations plus personnelles et intimes, que votre fermeté initiale s'évanouisse. Il faut comprendre alors que vous n'êtes pas aussi exclusif, extrémiste et intransigeant que vous le paraissez ou le prétendez. Des partenaires aimants, tolérants et doués sont fort capables de vous apprivoiser et de faire tomber votre armure. En revanche, en cas d'irritation et surtout d'infidélité, votre agressivité ne connaît pas de mesure. Vous devenez alors rancunier, jaloux, féroce et haineux... Votre passion devient l'excuse à des ravages!

## FORME SIMPLIFIÉE

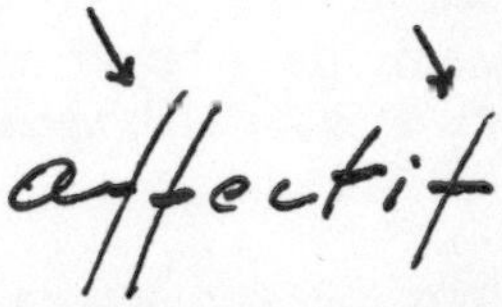


En amour, votre qualité première est votre intelligence. Vous aimez avec lucidité, objectivité, sans préjugés ni tabous, mais avec bienveillance et toujours curiosité. Vous aspirez à des sentiments vrais et ouverts, indépendants et humains. Vos émotions, désirs et pulsions, sont affranchis de tout instinct trop dur. Vos sentiments sont habituellement généreux mais ne manquent pas d'une pointe d'opportunisme quand il s'agit de protéger votre liberté de penser et de vivre. Vous appréciez les affections rapides, qui commencent vite et se concluent promptement. Face aux excès de cette tendance à la précipitation, certains partenaires pourraient vous reprocher d'aller trop vite en besogne... Peut-être vous faut-il apprendre à ne pas les laisser sur leur faim de tendresse ! Vous êtes pour l'amour libre, ou plutôt libéré. En effet, votre affectivité, votre sensibilité, votre imagination et votre sensualité étant étroitement imbriquées, vos sentiments en sont rendus trop complexes pour pouvoir être enfermés dans une passion pesante. Il vous faut des amours de rêve, aériens, pleins d'images et pourquoi pas d'érotisme ! Vous détestez le mensonge et les complications. Par ailleurs, vous avez l'art de mettre en valeur certaines de vos qualités pour arriver à vos fins. Cela, paradoxalement, peut vous faire passer pour un être fantaisiste ou superficiel ! Or ce n'est pas du tout le cas.

## FORME INÉGALE

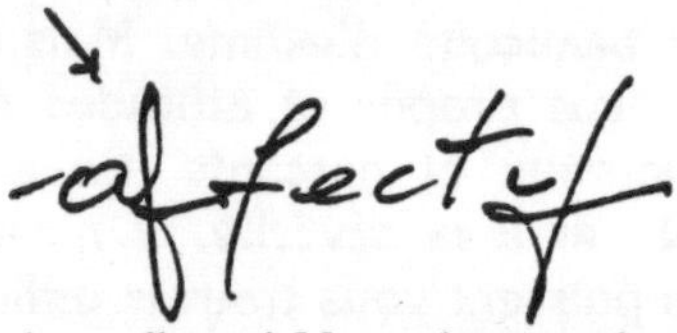

Votre définition de l'amour est bien floue ! Vous êtes intéressant et de fort agréable compagnie, mais vos sentiments sont trop mobiles et changeants pour être tout à fait crédibles. Vos amours sont imaginatifs et fertiles en événements apparemment superficiels. En réalité, votre affectivité est sous l'emprise de votre émotivité. Cela vous donne des humeurs, des désirs et des pulsions variables et parfois désordonnés. Vos émotions naissent trop vite et votre volonté est impuissante à les canaliser ou les calmer. Bien que vous ayez besoin d'encore plus d'attention et d'amour que les autres, vous indisposez vos partenaires par des réactions inattendues et des susceptibilités. Mais il semble que vous ayez l'art et la manière de vous faire pardonner par tout un jeu de séduction dont vous avez le secret. Il vous est nécessaire de trouver une stabilité affective, mais dès l'instant où vous y êtes installé, vous vous ennuyez. Le dilemme reste posé !

## FORME SERRÉE

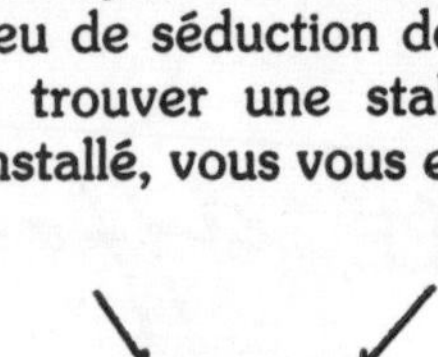

Votre affectivité est crispée dans des positions de refus. Pour des raisons à analyser, vous ne donnez pas libre cours à vos sentiments. Vous faites montre de trop de prudence, de réserve et de méfiance, dans vos comportements. Des sentiments d'échec, de fatalité, de pessimisme nuisent au bon épanouissement de vos relations amoureuses. Votre définition de l'amour est ainsi désenchantée! Mais ce portrait est vraisemblablement trop négatif pour être tout à fait vrai... En réalité, dès l'instant où votre cœur aime et où votre corps vibre, vous êtes remarquable de fidélité. Vos dispositions restrictives servent alors à concentrer et à purifier vos intentions et vos instincts, que vous pensez excessifs. En conclusion, vous êtes un amoureux pondéré et économe... Vous mobilisez vos énergies vers des objectifs précis et rigoureux, ce qui est favorable à la garantie de vos sentiments. Apprenez cependant à « aérer » vos manières de penser et de vivre l'amour. A trop vouloir toucher à l'essentiel — ce qui est rassurant pour vos partenaires — vous éliminez bien des fantaisies, des enthousiasmes et des spontanéités chaleureuses, toutes choses qui entrent pour beaucoup dans les plaisirs d'aimer.

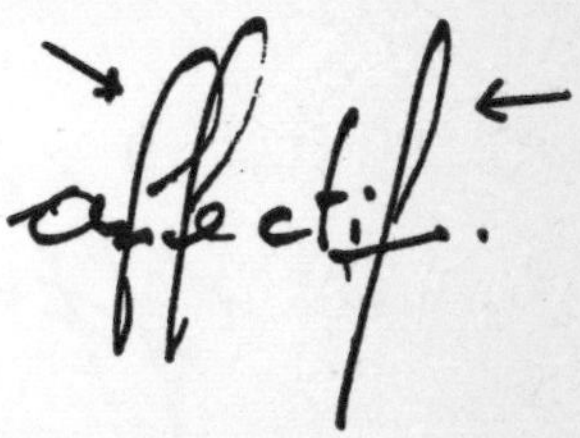


## FORME SURÉLEVÉE

Vous ne passez pas inaperçu avec vos « grands sentiments »! Votre définition de l'amour est impressionnante d'espérance, de plaisir et de fidélité. Vos partenaires, qui ne demandent qu'à vous croire sur parole, peuvent parfois être déçus par un décalage entre vos promesses et vos possibilités réelles. Vous rayonnez de cent qualités chaleureuses. Du moins c'est vous qui le dites! En réalité, vous donnez beaucoup afin de recevoir beaucoup... Vous avez, d'autre part, des attitudes « protectrices » vis-à-vis des êtres que vous aimez. Vous contrôlez les situations amoureuses avec une courtoise autorité. Vous affichez force certitudes et convictions sur la beauté et l'intensité de vos sentiments, ce qui rassure vos partenaires. En conclusion, vous avez de vous — et cela d'une manière générale — une bonne image de marque, et l'estime que vous vous portez rejaillit favorablement sur votre entourage. Cette perception valorisante de vos possibilités affectives et amoureuses peut cependant être jugée comme de la vanité. Peut-être vous faut-il surveiller une tendance narcissique!

# ILLUSTRATION LETTRE f

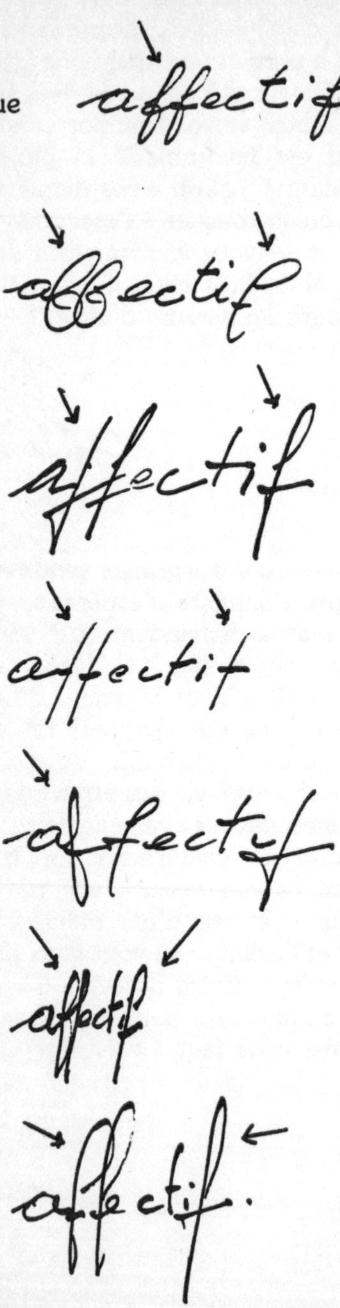


calligraphique

arrondie

anguleuse

simplifiée

inégale

serrée

surélevée

DEUXIÈME PARTIE

# ANALYSE COMPARATIVE

*Toi et moi : deux personnalités, deux écritures...*

# A PROPOS DES SIMILITUDES ET DES DIFFÉRENCES

Les relations entre deux personnes reposent sur des similitudes et des différences. Réussir un couple revient à harmoniser les différences, afin qu'elles deviennent source de complémentarité au lieu de se transformer en facteur d'opposition. Cela revient aussi à profiter des similitudes, en évitant qu'elles ne deviennent prétexte à des habitudes sclérosantes.

Les similitudes sont *de force* lorsqu'elles sont favorables à un bon équilibre du couple et à un épanouissement des deux personnalités. Par contre, elles peuvent être *de faiblesse* si elles confortent des insuffisances et des défauts.

Il en est de même pour les différences. Certaines sont de force : leur harmonisation engendre de la solidité ainsi que toutes sortes d'avantages et améliorations. Mais d'autres, trop aux antipodes, sont de faiblesse. La parole est alors aux contestations et aux contradictions.

# Dimensions identiques

## DIMENSION GRANDE

Les définitions de l'amour des deux partenaires sont identiquement basées sur de grands et beaux sentiments. Ils aspirent tous deux à une vie amoureuse haute en couleurs et en satisfactions, dans des décors somptueux. Quelques dangers de surenchère au niveau de la domination nuiront peut-être à leur entente. La question sera : Qui commande qui. Ces partenaires s'apporteront des stimulations et une dynamisation réciproque de leurs désirs. Les sentiments partagés seront chaleureux et respectueux des jouissances de l'autre. Ces êtres disposent d'une identique confiance en eux et d'une grande énergie dont bénéficiera leur union. Ils ont, de plus, l'ambition commune de former le couple le plus authentique, le plus absolu, le plus parfait qui soit... et que cela se voie!

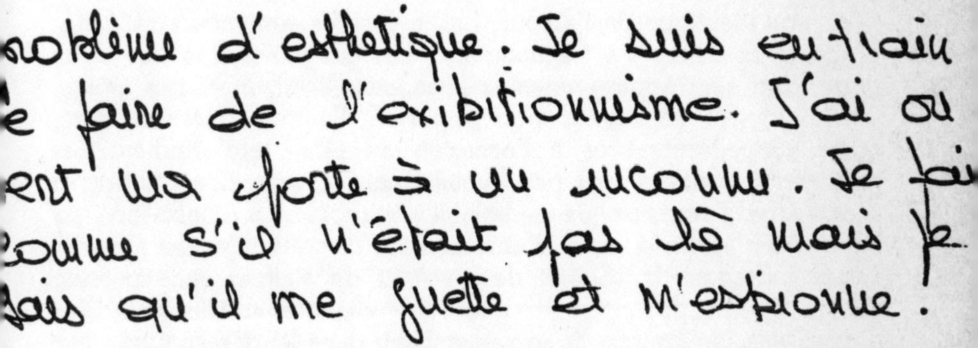

roblème d'esthétique. Je suis en train
e faire de l'exibitionnisme. J'ai ou
ent ma porte à un inconnu. Je fai
omme s'il n'était pas là mais je
ais qu'il me guette et m'espionne.

*Dimension grande*

Hauteur des lettres minuscules supérieure à 2,5 mm/3 mm
Hauteur des hampes supérieure à 7 mm
Longueur des jambages supérieure à 7 mm

L'écriture de l'illustration est également inclinée vers la gauche et surélevée (lettres *p, g, j*...).

Pression ferme et régulièrement appuyée.

## DIMENSION PETITE

Définition identique de l'amour, basée sur des sentiments réfléchis, prudents et vécus « à l'économie ». Les tempéraments des deux partenaires sont apparemment calmes, sans éclat, modestes même. Leur curiosité se rejoint pour « parler d'amour » sérieusement, précautionneusement et à l'occasion de tête-à-tête intimes. Les sentiments et désirs sont peu avoués mais doivent être compris et acceptés à l'occasion de semblables silences. La conscience de l'amour est affirmée, mais d'une manière discrète. Ces deux partenaires partagent le souhait de vivre et de s'aimer sans passion excessive susceptible de troubler une sécurité stabilisante. Plus timides que téméraires, ils se ressemblent dans leurs scrupules, leur volonté de fidélité et leur sens du devoir.

Un danger de s'enfermer dans une économie de sentiments et de gestes amoureux doit être surveillé. Il semble que la faiblesse de cette rencontre réside dans l'exacerbation d'un goût commun pour les détails, les minuties, l'extrême prudence, pouvant aller jusqu'à l'avarice. Il est certain qu'un manque d'ambitions et de largeur de vues, et par là même un rétrécissement, voire un dessèchement des sentiments, pourra être vécu conjointement dans une sorte de consentement muet.

En conclusion, l'harmonisation parfaite des ambitions et des désirs, en ce qui concerne la création d'un couple « responsable », à l'abri d'aléas, de variations ou de fantaisies déséquilibrantes, est sûrement possible. Les sentiments seront planifiés et les sensations programmées, mais sans envergure passionnelle.

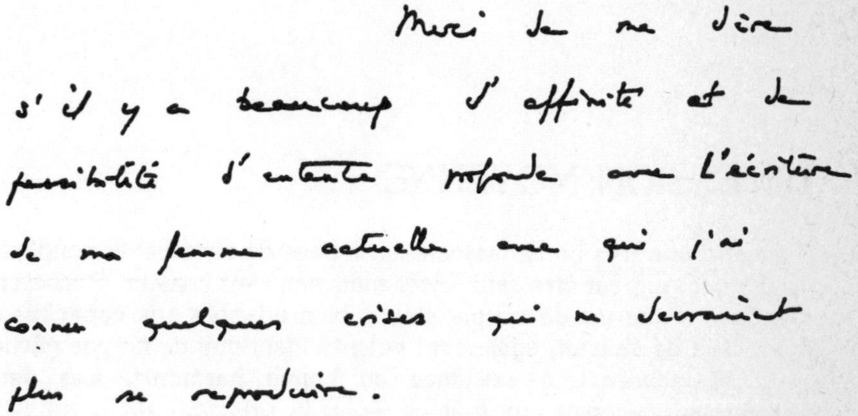


*Dimension petite*

La dimension est dite petite lorsque la hauteur des lettres minuscules est inférieure à 2,5 mm, avec un raccourcissement des hampes et des jambages.

L'écriture de l'illustration est également espacée (blanc important entre les mots), inclinée vers la droite, simplifiée et acérée (finales des *e* et barres des *t*).

Pression plutôt floue, avec des lettres pochées.

## DIMENSION MOYENNE

Il s'agit d'une très bonne association à base de sentiments pondérés, « classiques », peut-être sans excès mais non sans chaleur. Recherche identique d'une vie de couple stable, bien adaptée aux capacités et aux désirs de chacun, également volonté identique de ne pas gâcher ou déséquilibrer une existence en bonne harmonie. Les deux partenaires obéissent aux mêmes règles et principes sur la manière de vivre et d'aimer. Excellente collaboration pour des travaux communs dans lesquels les droits et devoirs de chacun sont clairement définis. Les tempéraments sont moyennement expansifs, ce qui favorise la sobriété, la simplicité et la fidélité dans la coexistence. L'émotivité et la sensibilité de chacun sont contrôlées. L'écueil à éviter est l'installation dans une routine et des habitudes qui enracineront les deux partenaires dans une existence plus monotone qu'enthousiaste. Sont ainsi à surveiller des manques, voire des refus, d'imagination et de fantaisie.

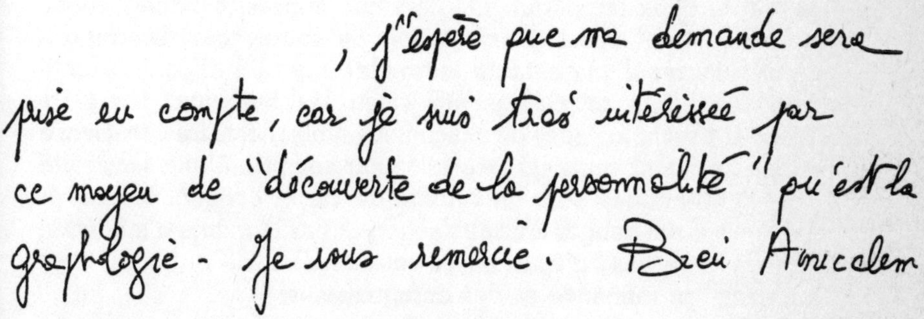
, j'espère que ma demande sera prise en compte, car je suis très intéressée par ce moyen de "découverte de la personnalité" qu'est la graphologie. Je vous remercie.

*Dimension moyenne*

L'écriture de l'illustration est aussi inégale, en arcade (lettres *m*, *n*) enchevêtrée (emmêlement des jambages et des hampes, par exemple le *y* et le *l* des mots *moyen* et *graphologie*).

Pression normale, plutôt maigre.

# DIMENSION IRRÉGULIÈRE

Rencontre de deux tempéraments nerveux, impressionnables, mobiles, curieux, impatients... L'association de toutes ces dispositions laisse mal augurer d'une entente éternelle! Intensité affective identiquement fluctuante et changeante selon les humeurs, les états physiques et psychologiques de chacun, les ambiances. La conscience de soi et de ses ambitions est incertaine car soumise à une sensibilité vive. Goûts identiques pour un rythme de vie éclectique, brillant et original, mais aussi danger d'insatisfaction et par là même d'infidélité. Système de vie à base d'évasion, de retrouvailles, de ruptures, avec des moments de méfiance et des antagonismes.
C'est ainsi que la similitude des caractéristiques ne joue pas en faveur d'un accord parfait!
En général, les deux partenaires font preuve d'intelligence et d'habileté pour résoudre leurs problèmes communs. Aptitude partagée pour donner aux ambiances de la couleur, de la vivacité et de la séduction, mais aussi risque de contradictions insolubles entre les désirs, les intentions, l'intensité et la définition de l'amour de chacun. Difficultés, donc, de compréhension, malgré des souhaits d'entente. Une curiosité d'esprit et un raffinement analogues dans les sentiments et les sensations pourront, au-delà de tout conflit, rendre les partenaires inséparables.

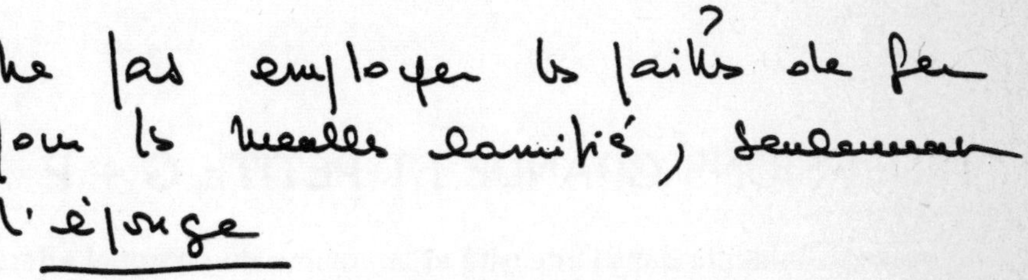

*Dimension irrégulière*

Écriture également simplifiée (lettres *p, l, g...*) inclinée vers la gauche, en guirlande...

Pression souple, nourrie, avec quelques inégalités.

# Dimensions différentes

## DIMENSIONS GRANDE ET PETITE G + P

Différence évidente dans l'intensité et le volume du potentiel affectif. Les tempéraments sont aux antipodes ! Risques de mésentente due à des incompréhensions. Rencontre de l'ambition et de la réserve, de l'enthousiasme et de la prudence, de l'expansion et de la timidité. Ce couple part ainsi avec un handicap certain. Mais n'est-ce pas les difficultés qui font les unions les plus solides ! Il n'est pas exclu que G ait une mission révélatrice au profit de son partenaire en l'obligeant à voir, aimer, penser et vivre grand. De là, une différence pouvant être de force *, tellement elle est extrême. G exaltera les possibilités de P tout en le soumettant à ses ambitions. Inversement, G appréciera les qualités de réflexion et de prudence, le perfectionnisme de P ; mais il ne manquera pas de se moquer de ses mesquineries, voire de les mépriser. En cas de conflit, G blessera orgueilleusement les difficultés d'être et les sentiments de faiblesse de son partenaire, qui n'en peut mais. La solution pour qu'une entente et une harmonie puissent subsister entre ces deux êtres réside dans une compréhension mutuelle des qualités et des faiblesses de l'un et de l'autre. G doit aimer P à la mesure du mal qu'il pourrait lui faire !

---

* Voir définition page 89.

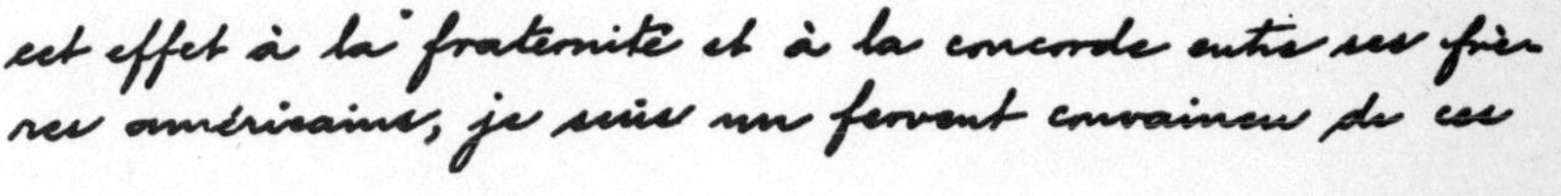


*Dimension petite* (P)

Inclinée vers la droite, tendance calligraphique, traits finals remontant. Pression normale avec des « pochages », épaississement de certaines lettres.

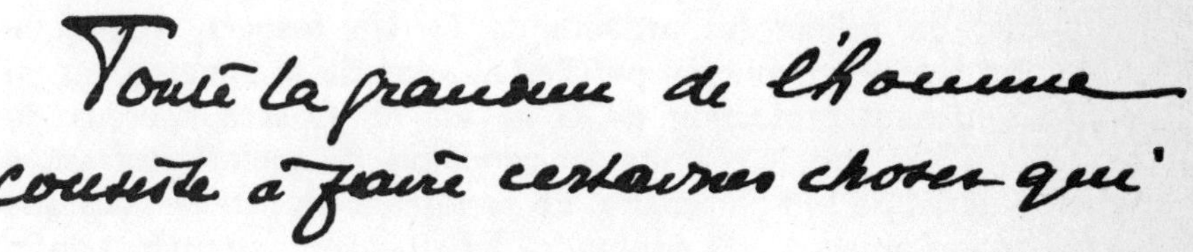


*Dimension grande* (G)

Inclinée vers la droite, forme en guirlande (lettre m...), quelques formes en hélice. Pression épaisse avec des lettres « pochées ».

# DIMENSIONS GRANDE ET MOYENNE G + M

L'intensité, le volume et la vitalité du potentiel affectif des deux partenaires G et M peuvent s'accorder dans la mesure où une stabilité permanente et intelligente est recherchée par M, ce qui aura pour effet de calmer les ardeurs de G. Un respect réciproque s'instaure, motivé et soutenu par l'admiration de M envers G et un tendre sentiment protecteur de G envers M. G sera heureux de favoriser le bien-être, la réussite, les conditions du confort professionnel et matériel de son partenaire. En se forçant un peu — mais que ne fait-on par amour — M apprendra à flatter son partenaire G afin de le désangoisser lors de ses crises de doute. En effet, une écriture grande trahit toujours une certaine insécurité quant à sa propre valeur. En conclusion, l'entente entre ces partenaires restera harmonieuse car M apportera une aide efficace, stable et fidèle tandis que G donnera de la chaleur, de la générosité et une certaine ampleur aux sentiments communs.

*Dimension grande* (G)

Écriture inclinée vers la droite, base des lettres anguleuse. Pression ferme, dure, rigide.

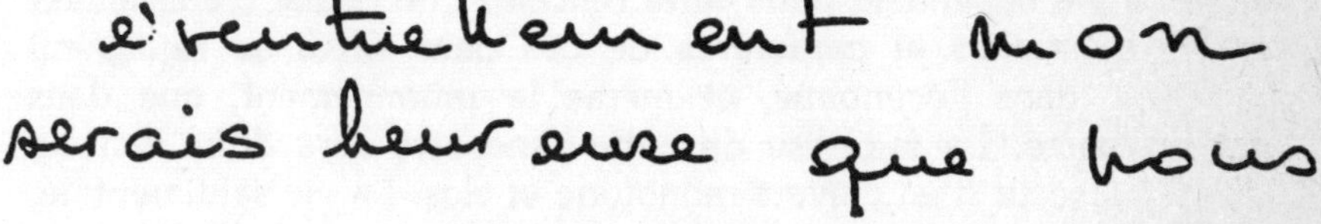


*Dimension moyenne* (M)

Écriture verticale, forme simplifiée; pression normale, tracé souple.

## DIMENSIONS PETITE ET MOYENNE P + M

Les tempéraments de ces partenaires P et M peuvent parfaitement s'harmoniser. En effet, les intensités, volumes et vitalités de leurs potentiels affectifs sont identiques à quelques degrés près. Les attitudes de P vis-à-vis de l'amour sont prudentes, plus réfléchies que sages, et souvent timides. Celles de M sont également précautionneuses et raisonnables, mais cependant plus souriantes, plus apaisantes et souples. P sera de bon conseil avec son esprit d'analyse pointu, son sens critique et ses minuties, tandis que M restera entreprenant, juste ce qu'il faut pour ne pas menacer l'équilibre du couple. Il y a cependant dans cette rencontre un risque d'enlisement car les mentalités et caractères de ces deux êtres se rejoignent davantage dans l'économie, et même le rationnement, que dans l'enthousiasme. La faiblesse de cette rencontre sera donc dans la difficulté à sortir d'un univers monotone et clos. La vie sentimentale, amoureuse et sociale, de ces deux partenaires manquera ainsi de fantaisie; ils s'ankyloseront facilement dans un foyer précieux, impeccable mais miniaturisé, voire mesquin. Pourtant, malgré ces penchants partagés pour l'économie et la circonspection, l'amour entre les deux partenaires pourra subsister grâce à la fusion de leurs deux « faiblesses! » pour peu que l'un des deux prenne la responsabilité du destin du couple.

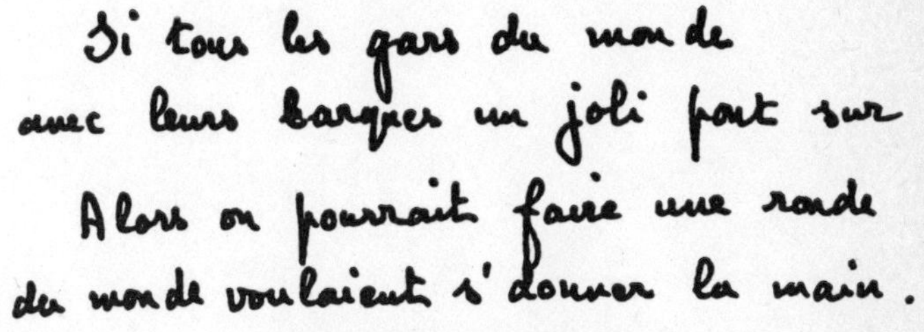


*Dimension petite* (P)

Écriture verticale, tracé retenu, enchevêtrement des lignes. Pression en relief, nette, quelques épaississements.

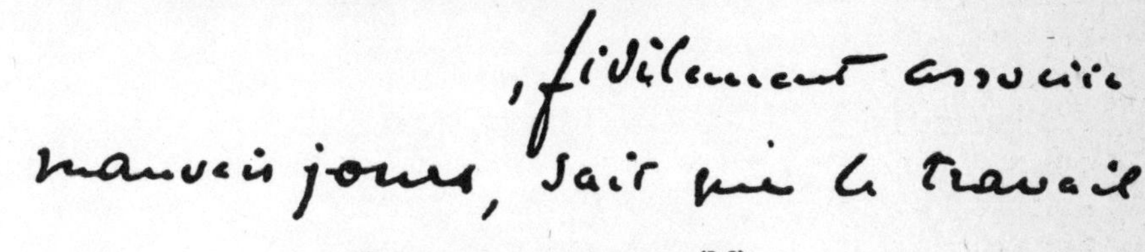


*Dimension moyenne* (M)

Inclinée vers la droite, formes simplifiées, juxtaposées. Pression inégale, tantôt fine, tantôt épaisse.

## DIMENSIONS GRANDE/PETITE/MOYENNE ET IRRÉGULIÈRE G, M, P + I

Cette rencontre est placée sous le signe de l'impressionnabilité, de la nervosité, ainsi que de l'inquiétude et de l'imprévisible. Une attraction, maintenue par des excitations d'origine psychologique, est certaine entre ces deux partenaires. Des décisions trop vite prises, des embrasements et des cassures, toutes sortes de péripéties passionnelles, sont à prévoir. Ces perturbations peuvent nuire à l'harmonie du couple. Elles viendront surtout de la personnalité trop nerveuse, impatiente, changeante, versatile et vite angoissée de I. Jalousies, désaccords, réconciliations se succéderont.

Cependant, la cohabitation entre ces deux types d'individualité peut être enrichissante pour celui qui est — a priori — le plus sage. En effet, un partenaire I apporte avec lui un foisonnement d'originalités, d'artifices, et toute une collection de jeux affectifs et amoureux qui entrent d'ailleurs dans sa séduction. Brillant jusqu'à être superficiel, inventif et ingénieux en trouvailles et pirouettes affectives, I attise jusqu'à la fièvre les sentiments qu'il fait naître. Et il n'est pas exclu que son partenaire, qu'il soit G, P ou M en soit ravi!

# Inclinaisons identiques

## INCLINAISONS VERS LA DROITE

Les tendances affectives de ces partenaires s'expriment avec spontanéité et naturel. Leurs élans de tendresse, leurs désirs de communication au niveau de l'esprit et de communion au niveau du corps ne sont pas — a priori — affligés par des comportements de retenue, des refus, des caprices, des inquiétudes ou autres anomalies d'expression. Ils semblent avoir tous deux des natures directes, chaleureuses et optimistes. Faits pour aimer et être aimés dans le cadre d'unions libérées d'interdits et de principes sclérosants, ils recherchent des horizons et des contacts nouveaux qui puissent enrichir leur joie de vivre ensemble. Cette conjonction graphologique est favorable à la compréhension et aux échanges, aux dialogues et, en fait, à la bonne harmonie entre les deux partenaires. Naturellement, les remarques sur la manière dont s'extériorise le besoin de contacts et dont est vécu le potentiel affectif doivent être replacées et synthétisées avec les autres composantes de la personnalité. Les « points de vue » sur le futur sont identiques, à savoir une confiance, peut-être relative mais au moins ouverte, en des lendemains qui chantent! On peut en déduire que les deux partenaires ne s'ennuieront pas ensemble, puisqu'ils sauront aller chercher ailleurs, dans le monde extérieur, des idées, des sentiments, des plaisirs et toutes sortes de motivations...

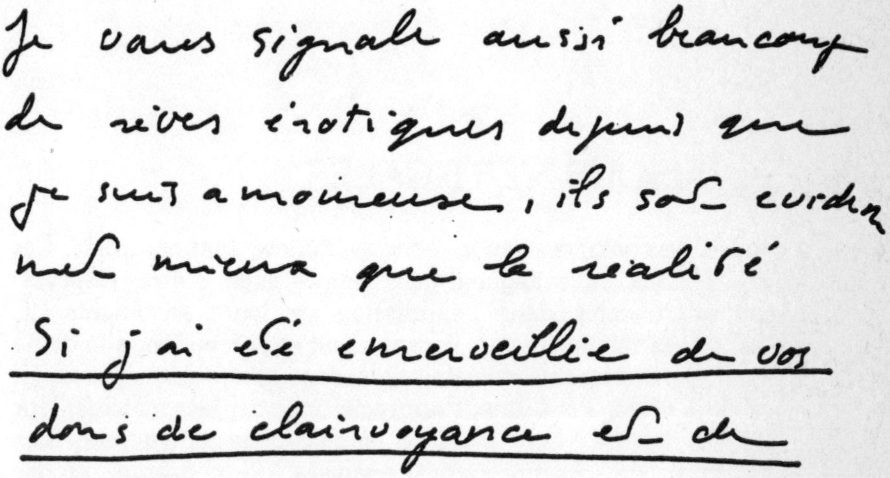
Je vous signale aussi beaucoup
de rêves érotiques depuis que
je suis amoureuse, ils sont extraordi-
nairement mieux que la réalité
Si j'ai été émerveillée de vos
dons de clairvoyance et de

*Inclinaison vers la droite*

Écriture également simplifiée, plutôt petite, à tendance inachevée. Pression inégale, quelques lettres « pochées ».

# INCLINAISONS VERTICALES

Les besoins de contacts avec le monde extérieur sont contrôlés. Les deux partenaires se rejoignent sur l'importance d'être réservés, prudents et réfléchis dans l'expression de leurs sentiments. Ils choisissent leurs relations avec discernement et précaution, afin de ne pas introduire d'éléments déstabilisants dans leur mode de penser, d'aimer et de vivre. Tous deux s'apprécieront pour leur stabilité, leur sens de la mesure, leur intégrité intellectuelle et morale. Les enthousiasmes de chacun seront analysés de conserve, et les émotions et autres accès de sensibilité seront fermement retenus et même supprimés. Ces partenaires s'estimeront pour leur identique constance de pensée et de sentiments. La fidélité sera de rigueur.
La faiblesse de cette similitude d'inclinaison verticale réside dans une trop grande ressemblance au niveau de la rigidité des comportements. A force de contenir leur spontanéité et d'endiguer leurs désirs sous prétexte de fermeté, de rigueur et de bonne conscience morale, un climat de sécheresse et d'égoïsme à deux, une sorte de méfiance chronique vis-à-vis de tout ce qui est extérieur, pourra s'installer.

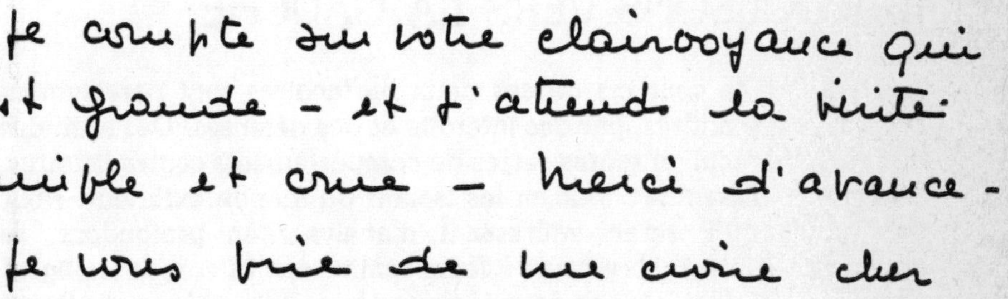
Je compte sur votre clairvoyance qui est grande - et j'atend la vérité simple et crue - Merci d'avance - Je vous prie de me croire cher

*Inclinaison verticale*

Écriture également simplifiée, plutôt grande, arrondie, basse (diminution de la hauteur des hampes et des jambages), mais aussi surélevée (lettre *p* et *j* montant dans la zone supérieure).
Pression ferme, régulièrement appuyée.

## INCLINAISONS VERS LA GAUCHE

Les besoins de contacts de ces deux partenaires sont pareillement retenus, voire altérés, par des interdits et des défenses. Des attitudes de refus, de recul, et toutes sortes de comportements contradictoires, les font se ressembler tout en les isolant du monde extérieur. Pour des motifs qu'il serait intéressant d'analyser en profondeur, ils craignent de laisser libre cours à leurs sentiments. Mieux, ils les figent dans des attitudes pleines de méfiance. Un certain isolement affectif et social est la conséquence de ces comportements régressifs. Peut-être même y a-t-il, dans cette absence de communication, une sorte de complaisance provenant d'une éducation morale frustrante ou d'une conscience exacerbée du « péché ». Toujours est-il que la liberté des pulsions naturelles est bridée par une volonté délibérée de rester sur la défensive. Tout ce qui est rêve, imagination et, bien sûr, remords et regrets, tient une place importante dans cette manière de concevoir la vie affective. A défaut de vivre leurs sentiments, ces partenaires les rêveront jusqu'au fantasme! En conclusion, ces deux êtres, ayant les mêmes dispositions, ne se disputeront pas leur part d'imagination... Ils bouderont ensemble...

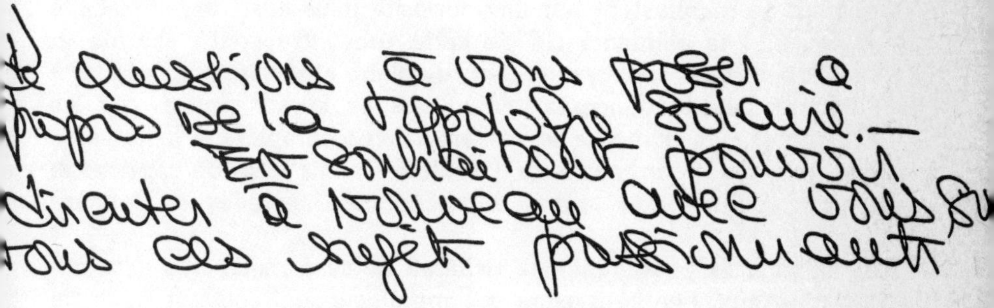

*Inclinaison vers la gauche*

Écriture également grande, enchevêtrée, plus arrondie qu'anguleuse, serrée...
Pression bien alimentée, suffisamment appuyée, tracé tout en douceur; mais aussi quelque « dureté ».

# INCLINAISONS IRRÉGULIÈRES

Les besoins de contacts de ces deux partenaires avec le monde extérieur se manifestent par une curiosité mais aussi une instabilité analogues. Les éléments clé de cette rencontre sont : charme et séduction verbale et physique, désir de plaire et facilité pour « jouer à l'amour ». Des tendances communes à se laisser porter par les événements, les humeurs et les ambiances complètent le tableau. Enfin, tous deux ont beaucoup d'aptitudes, mais aussi de caprices et de goût, pour toutes sortes d'expériences nouvelles en matière affective.

Par ailleurs, ils possèdent une richesse de sentiments très développée. Chez eux, l'enthousiasme et l'optimisme sont souvent suivis de lassitude et de découragement. L'intérêt pour tout ce qui bouge, brille, vit, tout ce qui peut apporter des nourritures affectives, intellectuelles et physiques est également très grand. Ces deux êtres s'entendront bien pour échapper aux contraintes et obligations pouvant nuire à leur indépendance. Et ils chercheront ensemble cent motifs de contacts et d'échanges hors du cadre de leur vie commune.

Mais cette ressemblance n'est pas de tout repos! Ils ont tous deux des tempéraments trop mobiles, trop sensibles et impressionnables pour ne pas compliquer leur propre relation. N'aimant pas, et ne pouvant pas, se sentir liés, il est certain qu'ils se reprocheront mutuellement des sentiments d'emprisonnement, des manques de liberté et autres frustrations. Toutes situations dont ils ne peuvent cependant pas se passer. Et pour cause : puisqu'ils s'aiment!

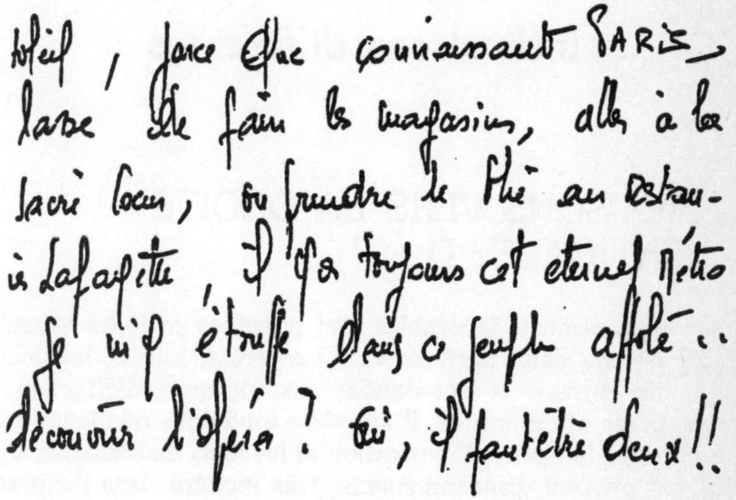

*Inclinaison irrégulière*

Écriture également surélevée (lettres *q*, *p*, *j*, *d*...), serrée, avec une direction sautillante...
Pression tranchante, tracé incisif; quelques épaississements, notamment sur les traits verticaux.

# Inclinaisons différentes

## INCLINAISONS VERS LA DROITE ET VERTICALE : D + V

Des accommodements favorables sont possibles entre les besoins de contacts de ces deux partenaires. D aspire à une communication facile, sans entrave et spontanée; ses marques d'affection sont sincères, libres et optimistes. Il apprécie toutes les relations fondées sur le partage, la liberté d'expression et les joies du dialogue. V, par contre, est prudent, précautionneux, très modéré dans l'expression de son potentiel affectif. Il n'accorde pas ses sympathies à la légère et n'est guère démonstratif quant à ses états de cœur. Il y a toujours chez ce partenaire un doute sur la réalité des sentiments — les siens et ceux des autres. De là des attitudes réservées, sévères même. Il est cependant possible que D amène V à se libérer d'un système de vie trop annihilant et d'une fermeté trop grande. Il l'amènera à plus de naturel, de cordialité, d'impulsivité même, dans ses relations avec le monde extérieur, puis avec lui-même. Inversement V corrigera les excès d'ouverture et d'hospitalité de son partenaire D. En conclusion, D et V se mettront d'accord pour aérer leurs relations tout en les sélectionnant.

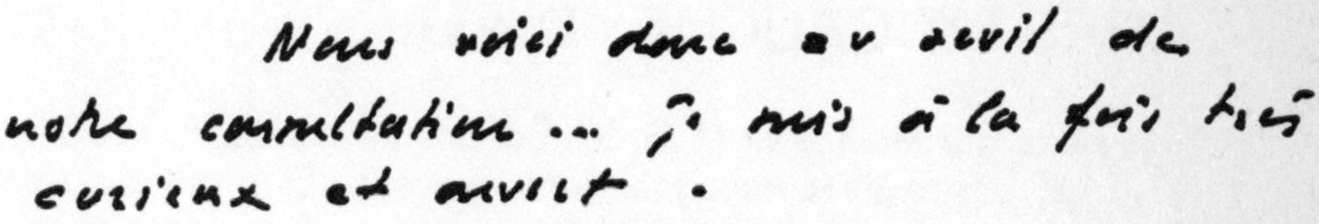

*Inclinaison vers la droite* (D)

Dimension basse, lettres juxtaposées. Pression un peu floue, lettres « pochées ».

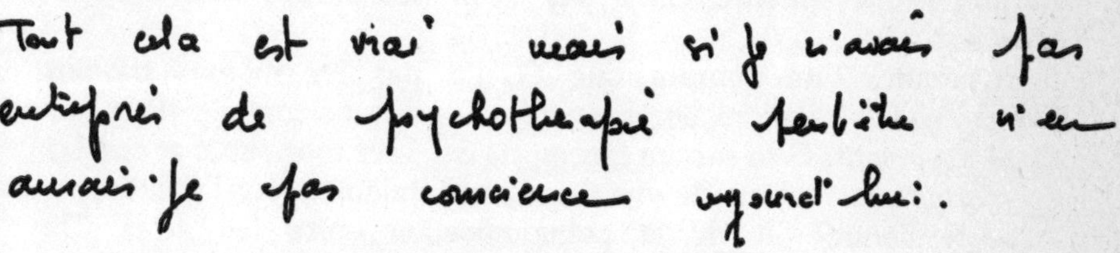

*Inclinaison verticale* (V)

Formes inégales, surélevées. Pression inégale.

# INCLINAISONS VERS LA DROITE ET VERS LA GAUCHE : D + G

Chez les deux partenaires D et G, les besoins de contacts avec les autres et les désirs de compagnie sont opposés. Et a priori, ces contraires sont contrariants... Autant D sympathise facilement et se plaît à nouer des relations multiples, autant G est un être à problèmes en ce qui concerne ses échanges et sa manière de communiquer. Passé une attraction née de cette dissemblance de tempéraments, il est à prévoir de l'agacement et de l'amertume. Vouloir obtenir et entretenir une entente entre ces deux partenaires relève de la gageure !

D se rendra vite compte que G n'a pas les mêmes besoins d'échanges, de relations libres, spontanées et sans complications que lui. Inversement, G se sentira incompris dans ses tourments et conflits intérieurs. Leurs points de vue divergent totalement sur l'utilité et le sens de l'amitié et de la communication entre les êtres. De continuelles discussions sont prévisibles et les meilleures bonnes volontés de D se heurteront aux bouderies, caprices et enfantillages de G. Par contre, il n'est pas exclu qu'une grande tolérance, un beau dévouement et un réel esprit de sacrifice de la part de D — du moins pendant un certain temps — puissent améliorer ou même supprimer les difficultés de communication de G. Il s'agit alors d'amour thérapeutique !

Il est enfin à noter qu'une attraction fiévreuse, passionnelle, destructrice, mouvementée, peut lier D à G. Ce cas est typique d'une rencontre entre un homme mûr D et une femme enfant G. Les résultats sont excitants, mais coûtent cher en angoisses et drames.

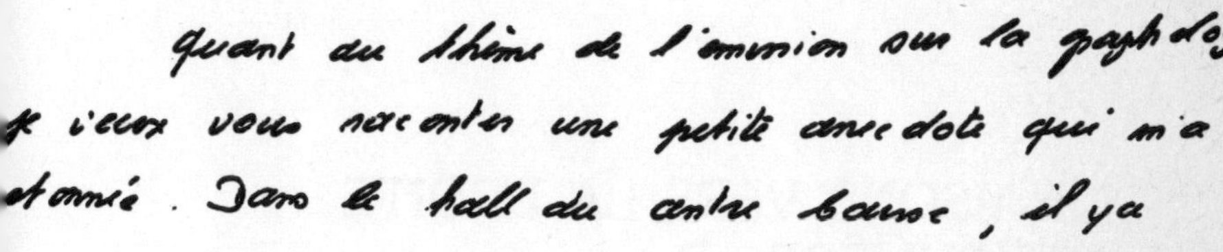

*Inclinaison vers la droite* (D)

Dimension petite, écriture serrée, formes en arcade, espace grand entre les lettres et les mots.

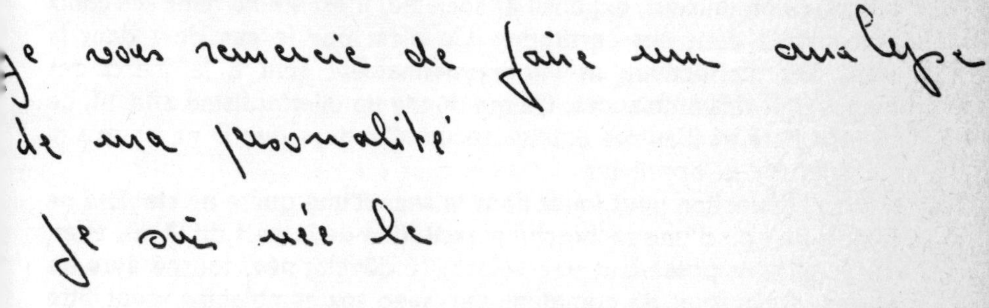

*Inclinaison vers la gauche* (G)

Dimension plutôt petite. Formes inégales maladroites. Pression inégale, floue, plutôt maigre.

# INCLINAISONS VERS LA DROITE ET IRRÉGULIÈRE : D + I

Les besoins affectifs de ces deux partenaires présentent des similitudes mais s'expriment de manière différente. En effet, D est ouvert à autrui, communicatif, expansif et sociable. Il est stable dans ses choix et constant dans ses certitudes. Ce n'est pas le cas de I dont la sensibilité, l'affectivité et l'impressionnabilité sont à la merci des humeurs et des ambiances. Ce qui donne un dilettantisme affectif, de la versatilité et d'autres ambivalences affectives que D ne pourra ni comprendre ni apprécier.

Certes l'attraction peut jouer dans le sens d'une quête de stabilité de la part de I ou d'une recherche d'excitation de la part de D. En effet, un partenaire possédant une sociabilité développée, tourné vers les autres et heureux de communiquer avec ses semblables, peut être passionnément attaché à un partenaire I : ce dernier a toutes les séductions que l'on reconnaît aux êtres indisciplinés, brillants, superficiels, capricieux, extravagants, à la sensibilité très riche, et tout à la fois délicats et critiques, tendres et pervers.

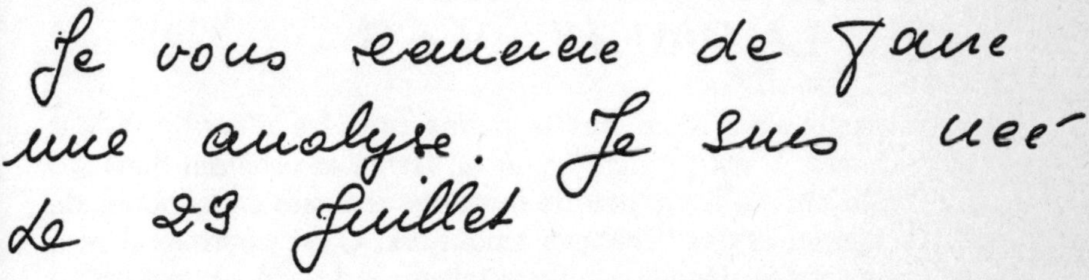


*Inclinaison vers la droite* (D)

Écriture grande, arrondie, forme gracieuse, « en huit ». Pression nourrie, trait net, bien soutenu et alimenté.

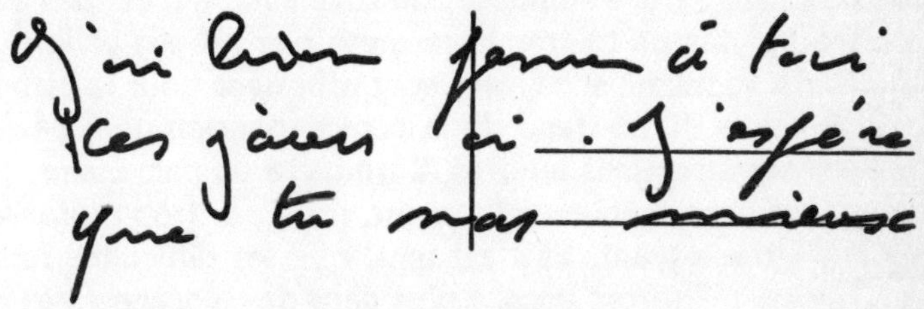

*Inclinaison irrégulière* (I)

Forme inégale, dimension inégale... Pression épaisse à molle.

## INCLINAISONS VERTICALE ET VERS LA GAUCHE : V + G

Ces deux partenaires n'ont pas la même manière d'exprimer leur potentiel affectif. V est prudent, réfléchi, ferme et constant dans ses déclarations d'amitié. Il y a peu de fantaisie dans ses conceptions de la communication et des échanges amoureux. C'est pourquoi il sera passablement agacé par le « sentimentalisme » de son partenaire G, ainsi que par ses mélanges de froideur et de caprices, qu'il jugera maladifs. Par contre, il cherchera à comprendre ses attitudes de défense et, d'une manière générale, ses difficultés d'être, et à y remédier. En bon raisonneur et moralisateur, il donnera de judicieux conseils afin que ce partenaire en état de malaise puisse acquérir une confiance en lui salutaire et efficace. En revanche, il n'est pas certain que G puisse longtemps tolérer la fermeté des propos et la rigidité des attitudes de V, même si celles-ci sont affirmées pour le bien de la communauté. Alors qu'il attend de la compréhension, une participation affective, des attentions tendres, il trouvera un partenaire, certes utile, compétent et probablement aimant, mais par trop moralisateur et facilement intransigeant. Et c'est ainsi que les difficultés relationnelles de G se cristalliseront encore plus dans des blocages, des refus, des hontes et des silences.

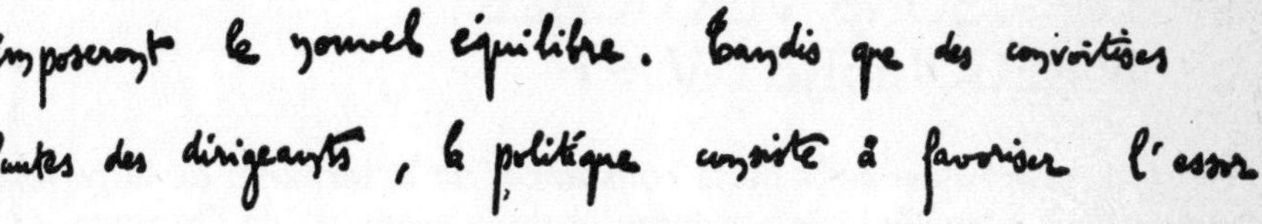


*Inclinaison verticale* (V)

Forme rigide, anguleuse, dimension petite. Pression « massuée », traits se terminant par des écrasements.

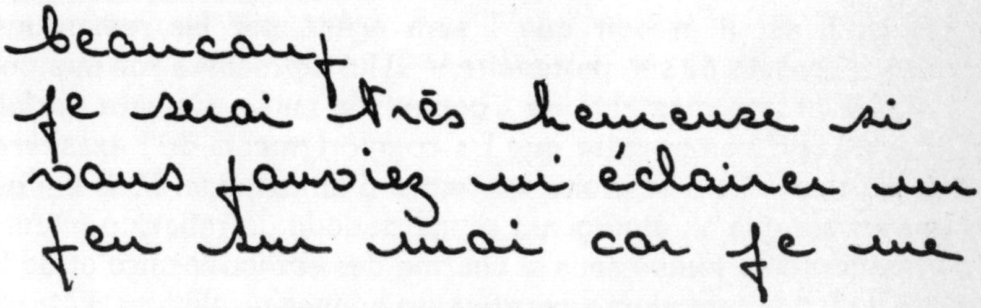


*Inclinaison vers la gauche* (G)

Dimension grande, forme en guirlande, jambages « en huit ». Pression normale, nette, nourrie.

## INCLINAISONS VERTICALE ET IRRÉGULIÈRE : V + I

Cette rencontre est celle de la constance, de la fermeté, de la raison qui corrige, surveille, pèse et juge, et de la mobilité, de l'intrigue, de la sensibilité échappant à la volonté, des sentiments bohèmes et charmeurs. V et I sont chacun trop typés dans leur genre pour pouvoir réellement se supporter. V a besoin de contacts fidèles, fiables, persévérants et sérieux. I n'est heureux, si tant est qu'il peut l'être, qu'à l'occasion d'échanges nouveaux, originaux, riches en péripéties. Il est à prévoir que I sera agacé par les remarques, critiques et conseils de son partenaire V. Il lui reprochera son manque de fantaisie et une mentalité de « bonnet de nuit ». Ce sera parfois vrai, mais il faut comprendre que les comportements de I exaspéreront à son tour V, qui se croira au centre d'un manège. Mais il n'est pas impossible que V, émergeant d'une période de réflexion intense et de pondération, tombe sous le charme des enthousiasmes et de la mobilité de I. Il jettera alors aux orties ses bonnes résolutions d'être le partenaire le plus sérieux qui soit pour se lancer dans des aventures irréfléchies, mais ô combien belles et riches en excitations de toutes sortes.

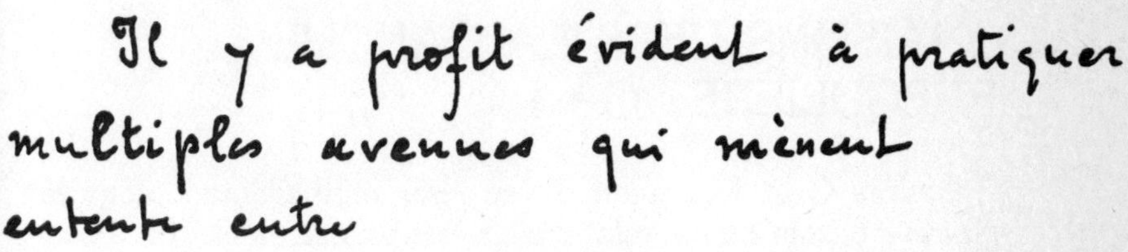


*Inclinaison verticale* (V)

Pression inégale, épaisse et acérée; tracé en relief.

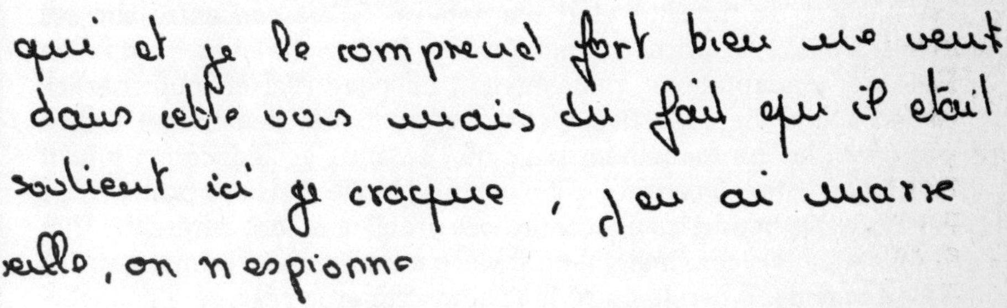


*Inclinaison irrégulière* (I)

Forme inégale, arrondie, en guirlande et arquée. Pression ferme avec quelques bavures et des « blancs ».

## INCLINAISONS VERS LA GAUCHE ET IRRÉGULIÈRE : G + I

Les partenaires G et I risquent de se jeter mutuellement dans le désarroi. Leur besoin de vie relationnelle est pareillement développé mais ne s'exprime pas sur le même ton. Leurs tempéraments peuvent se ressembler au niveau de la sensibilité et de l'affectivité — identiquement fragiles et vulnérables — mais diffèrent quand il s'agit de passer à l'acte. G pratique l'opposition systématique, tandis que I est un être de mobilité et d'alternatives. G est concentré sur ses propres désirs, caprices et inquiétudes. Il s'installe avec obstination dans des inadaptations, refusant tout dialogue réel et toute participation à une vie collective, pour des motifs qui demandent à être analysés plus profondément mais où l'enfance et l'éducation jouent un rôle essentiel. Quant à I, s'il n'est pas bloqué dans des positions de retrait et des bouderies agaçantes, ses problèmes sont différents. Vite émotionné, nerveux, imaginatif, il vibre avec intensité à toutes sortes de sentiments. Il oscille entre la spontanéité et la réserve, l'épanchement et le refus, la dépendance et l'insoumission. L'entente entre ces deux partenaires sera celle qui pourrait exister entre deux enfants ou adolescents, le premier, G, insatisfait de l'être, mais jouant et trépignant pour le rester, le second I, inconscient de l'être toujours.

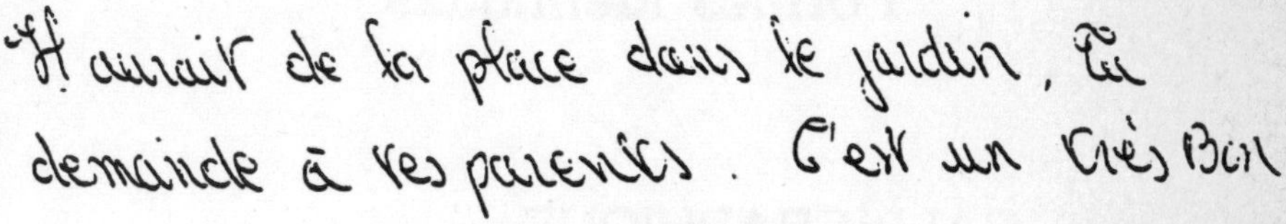

*Inclinaison vers la gauche* (G)

Dimension grande, espacement serré. Pression défectueuse avec des « blancs ».

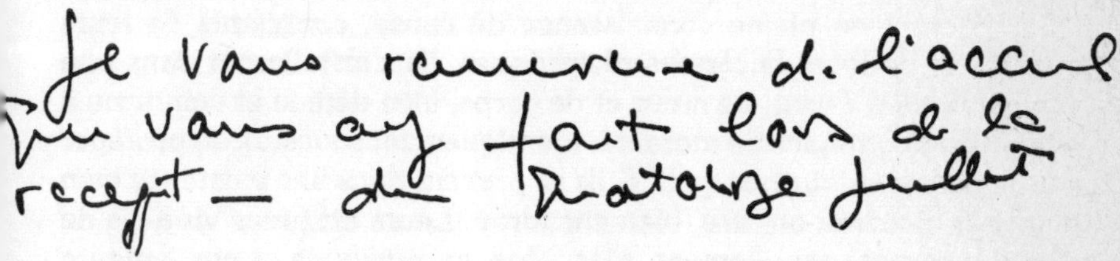

*Inclinaison irrégulière* (I)

Dimension, forme, pression inégales. Des acérations, des guirlandes...

# Formes identiques

## FORME CALLIGRAPHIQUE

Deux partenaires calligraphiques ont toutes les chances de s'accorder. Leur entente sera tranquille, sereine, dépourvue de fantaisie et d'imagination, comme de passions maladroites et par trop débordantes. Ils s'aimeront en pleine connaissance de cause, conscients de leurs qualités et de leurs faiblesses réciproques. Ils s'installeront dans une communauté d'esprit, de cœur et de corps, bien définie et conforme à des critères communs de moralité. Identiquement soucieux de protéger leur équilibre et leur tranquillité, ils se plairont dans une existence bien réglée et, pourrait-on dire, bien encadrée. Leurs attitudes vis-à-vis de l'amour seront pareillement réservées et pudiques. Leur entente s'annonce profonde, car leur estime sera mutuelle.
Ces deux partenaires aimeront analyser et commenter les pourquoi et les comment de leurs affinités. Ils s'apprécieront pour leur goût identique des traditions, des conventions et du conformisme. La faiblesse de cette association on ne peut plus classique se trouve dans un rétrécissement des sentiments. A trop bien s'entendre, les partenaires vivront en vase clos, uniquement préoccupés des détails et de la bonne ordonnance de leur existence quotidienne. Égoïstes à deux et en parfaite concertation, ils « éplucheront » leurs désirs, leurs malaises, leur bien-être, jusqu'à l'obsession.

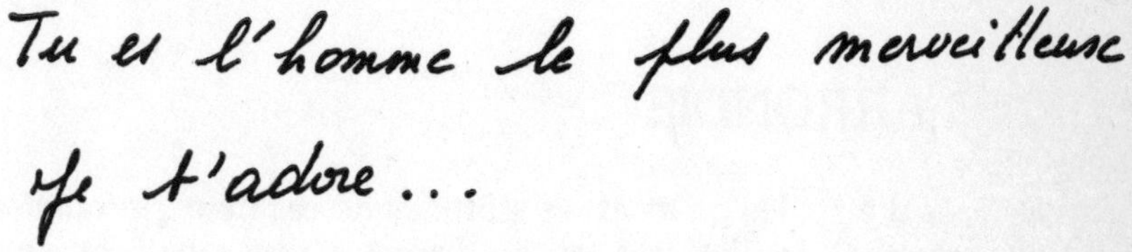
Tu es l'homme le plus merveilleuse
Je t'adore...

*Forme calligraphique*

L'écriture est aussi inclinée vers la droite, surélevée (lettre *p*), avec quelques simplifications (lettre *l*).
Pression ferme et nette, avec quelques « poches » d'encre (lettre *e*).

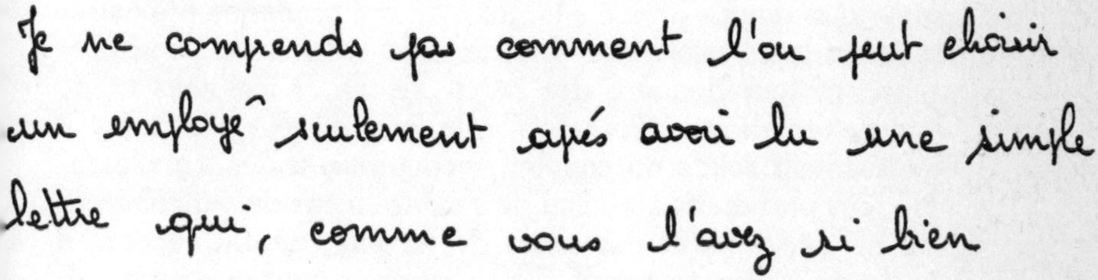
Je ne comprends pas comment l'on peut choisir
un employé seulement après avoir lu une simple
lettre qui, comme vous l'avez si bien

*Forme calligraphique*

Écriture également verticale, tendanciellement en guirlande, avec des espaces blancs entre les mots; inclinaison double : verticale et vers la gauche.
Pression nette et sobre.

# FORME ARRONDIE

Les manières d'être, les goûts et les attitudes de ces deux partenaires dans le domaine de l'affectif et de l'amour s'harmonisent avec bonheur. Il s'agit d'une association particulièrement heureuse, qui permet à chacun d'exprimer en pleine liberté une affectivité tolérante et accommodante. Tous deux aspirent à des échanges aussi affectueux que possible. La tendresse, la sensibilité, la douceur, le désir de plaire et d'être aimé sont prioritaires. Voilà qui a pour avantage de créer un climat ouvert à l'amitié et à l'amour, et ce dans un cadre de vie aussi distrayant et séduisant que possible.

Il est certain que deux « affectifs larges » auront tendance à excuser réciproquement leurs faiblesses. Une exigence de se sentir constamment en accord leur donnera des habitudes de concessions et de conciliation systématiques. Toutefois, à la longue, cela peut nuire à un épanouissement solide du couple. Accoutumés à des « mollesses affectives », ces partenaires, au lieu de s'aider en cas de difficulté par des prises de décisions et des actes de volonté, auront recours à toutes sortes de compromissions. Ils se joueront mutuellement une comédie sentimentale avec des surenchères d'apaisement, de consolation et de gentillesse.

En conclusion, il demeure que leurs rapports seront à base de complicité partagée, chacun donnant à l'autre le meilleur de lui-même, l'achèvement et la complétude affective et amoureuse de chacun des partenaires passant nécessairement par l'être aimé : l'autre.

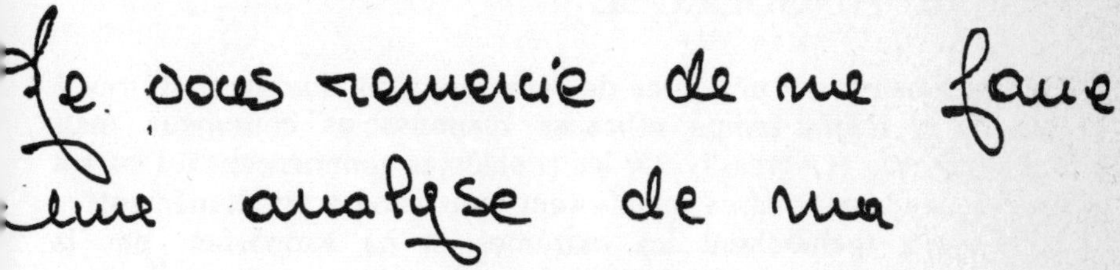


*Forme arrondie*

Écriture également grande, en guirlande, à inclinaison double — verticale et vers la gauche (notamment lettres *J*, *y*)...
Pression nourrie, tracé lourd d'encre, mais sans mollesse.

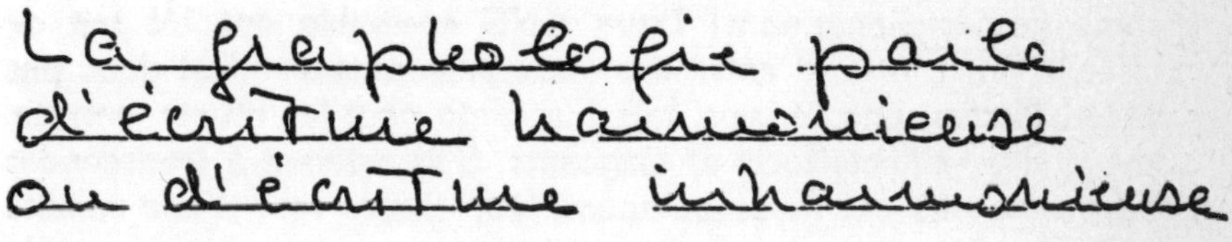


*Forme arrondie*

Cette écriture présente une inclinaison irrégulière mais avec une constante verticale; la dimension est basse (réduction des hampes et des jambages), les lettres sont larges, mais aussi enchevêtrées, les mots sont étalés.
Pression de poids inégale, tracé plutôt dur.

# FORME ANGULEUSE

Ces partenaires ont une force de caractère identique. Ils sont, tour à tour ou en même temps, efficaces, responsables, courageux, mais aussi offensifs et agressifs. Or les problèmes commencent à l'instant où ces deux partenaires manifestent leur volonté simultanément!
Tous deux recherchent les extrêmes et ne supportent pas la soumission et les compromissions. Leur discipline de vie est l'action, et ils imposent à autrui comme à eux-mêmes leurs souhaits de perfection pure et dure dans tous les domaines, l'affectif notamment. Refusant tout échec, ils ne peuvent que se pousser l'un l'autre à ne pas faiblir. Leur sensibilité et leur émotivité sont par là même reléguées dans des arrière-plans.
Mais ce n'est pas parce qu'on refoule volontairement des sentiments jugés trop tendres, affectueux ou fragiles, que ceux-ci disparaissent comme par enchantement! Deux ANG ensemble ont tôt fait de croiser le fer. L'accord entre ces deux personnalités n'est donc pas évident. Certes, une passion très puissante peut les réunir, entretenue par des instincts forts et exigeants. S'ils arrivent à transcender ces forces pures par le dévouement, leur couple sera d'une solidité exemplaire. Un choix apparaîtra vite pour eux : ou plier ensemble dans la même direction, pour le plus grand bien du couple — et c'est alors les autres qui subiront la domination des deux complices — ou se heurter dans des joutes hautaines, rebelles et catastrophiques pour l'équilibre de chacun. En conclusion, le besoin mutuel de communication est certain mais durci par une volonté, un orgueil et une décision communs d'être au-dessus de tout soupçon de faiblesse. Trop d'esprit critique, de rigorisme, devra être évité, car ces partenaires suivront la loi du talion en se rendant œil pour œil et dent pour dent.

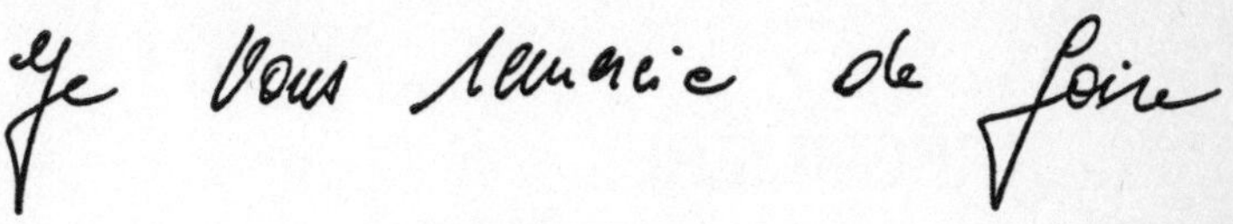

*Forme anguleuse*

Écriture également inclinée vers la droite et gladiolée (diminution de la hauteur des mots dans le sens gauche/droite). Remarquez la forme en triangle des jambages des lettres *J* et *f*, et la forme en accent circonflexe de la lettre *r*.
Pression « tendue », tracé ferme, plutôt dur, net.

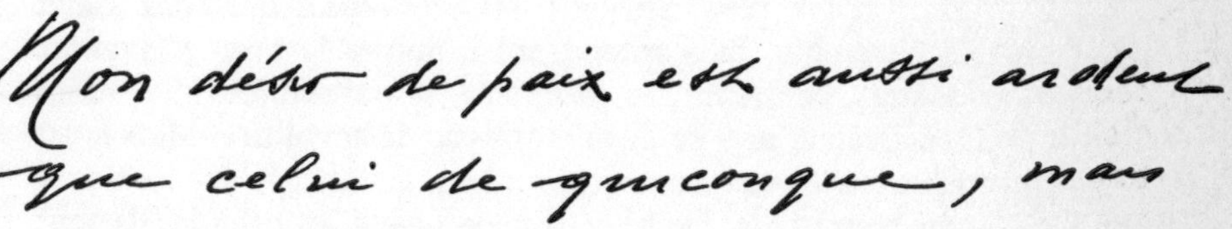

*Forme anguleuse*

L'écriture est aussi inclinée vers la droite. Remarquez la forme en angle vers la droite des jambages de la lettre *q*, l'angle droit des lettres *t*, *d*...
Pression très ferme, dure, appuyée; quelques épaississements lorsque la plume « écrase » le papier.

# FORME IRRÉGULIÈRE

Les manières d'être et de se comporter, les goûts et attitudes en matière d'affection et d'amour de ces deux personnages sont influencés par leur émotivité et leur sensibilité. Cette influence est positive en tant qu'elle favorise des affrontements où l'esprit, l'imagination, ne manquent pas. Chez ces deux partenaires, les sentiments sont en perpétuelle improvisation, à mi-chemin entre le vrai et le vraisemblable, le sérieux et la fantaisie, le prévu et l'imprévu. Ils ne finissent jamais d'être impressionnés, intrigués, séduits et tourmentés par toute la gamme des sentiments et des émotions. Rien n'est plus attractif et provocant que ces deux personnalités ensemble. Ils s'entendront à merveille pour s'inventer des romans inédits, se mentir, se reséduire, se pardonner... Ils jouent à s'aimer avec aisance et à se désaimer avec désinvolture. Mais il est à prévoir qu'ils se feront souffrir par leur instabilité, inconsciente peut-être, mais bien réelle. De plus, leur nervosité est grande. Ils sont irritables, vite exacerbés, mais heureusement vite calmés. Ils s'exaspéreront l'un l'autre par d'identiques maladresses, critiques et remises en question. Des volte-face et des pirouettes mettront de la fantaisie dans leur relation. Enfin, l'un et l'autre chercheront à s'évader d'une emprise affective trop exclusive. Le champ des discussions infinies est alors ouvert... En conclusion, ils se plairont beaucoup, s'exciteront passionnément, mais seront constamment bouleversés par de grandes incertitudes : les leurs et celles de l'autre.

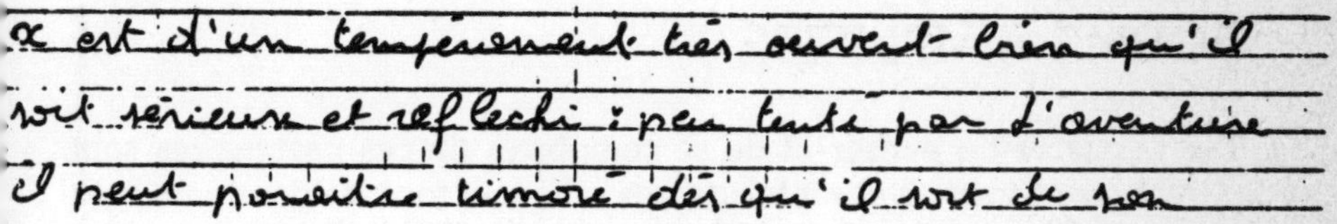


*Forme irrégulière*

Irrégularité dans les proportions, la dimension, l'inclinaison et les formes.
Pression plutôt molle, avec quelques accélérations (finales des lettres).

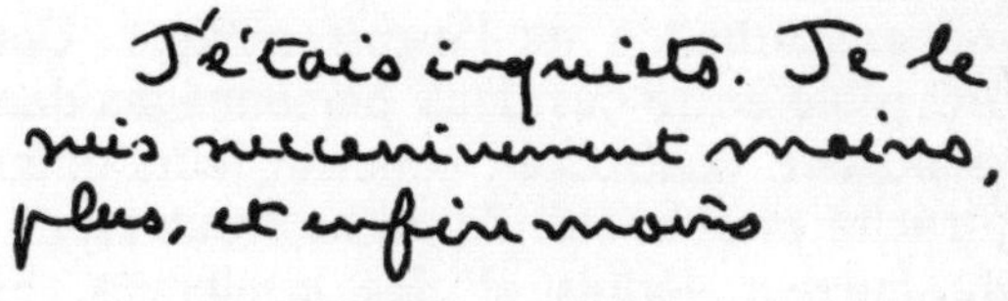


*Forme irrégulière*

Notamment inclinaison vers la droite, puis verticale, puis vers la gauche... Écriture plutôt simplifiée et filiforme.
Pression de poids inégal avec une constance dans le « nourri » et le pâteux.

# FORME SIMPLIFIÉE

Les manières de penser et de se comporter de ces partenaires sont pareillement souples et « intelligentes ». Ils sont tous les deux « tournés vers le futur » : accueillants à toutes sortes d'innovations et d'originalités, progressistes dans leurs idées et leurs sentiments, et spontanément humanistes. Mais surtout, ils ont de l'affectif et de l'amour une définition identique, à base d'esthétique, de courtoisie et de réflexion tolérante. Tous deux sont des sentimentaux, prenant à cœur les émotions, les plaisirs et les souffrances de qui ils aiment.
La faiblesse de cette rencontre, dans laquelle la raison essaie de l'emporter sur l'imagination, est la susceptibilité. Il ne s'agit pas d'un excès d'orgueil ou de narcissisme, mais plutôt d'un trouble de la sensibilité, d'une exacerbation de l'esprit critique. Une excellente harmonie est prévisible entre ces deux personnages dans la mesure où ils sauront dialoguer, confronter, concilier leurs opinions et leurs désirs, avec efficacité et sobriété. Ils ne se troubleront pas mutuellement avec de fausses vérités et des insolences. Ensemble, ils trouveront les meilleures formules pour s'installer dans une vie de couple « intelligente ». Leurs tempéraments s'accorderont avec souplesse, multiplieront les accommodements, éliminant et même méprisant les conflits et les complications.
Attention cependant à un goût commun trop poussé pour les jeux de l'esprit, ceux-ci pouvant déboucher sur une cérébralisation des sentiments. Les « vrais » mots d'amour seront alors à extraire d'un fatras de paradoxes et de pseudo-contradictions !

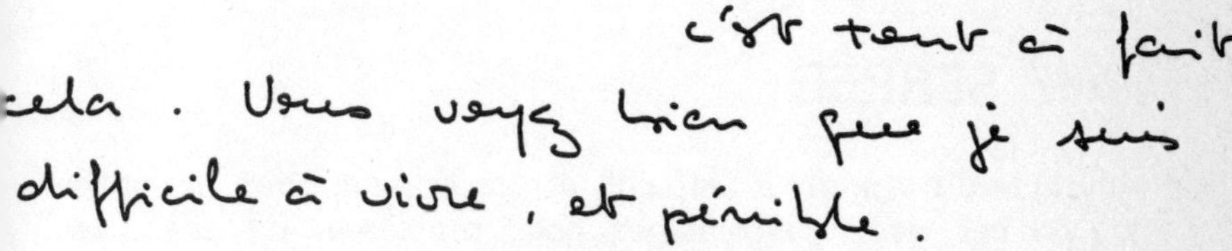

*Forme simplifiée*

Écriture également verticale et combinée (liaison souple entre les lettres, par exemple le *e*, le *s*, et le *t*, le *b*, et le *l*).
Pression ferme et souple; tracé net sans bavure.

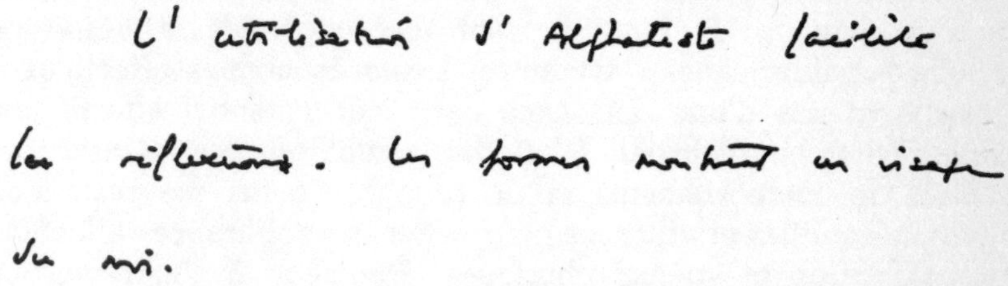

*Forme simplifiée*

Écriture aussi inclinée vers la droite, petite, filiforme, espacée...
Pression « appuyée », épaisse comparativement à la dimension petite de l'écriture. Poids inégal dans l'encrage.

## FORME SERRÉE

La similitude du rapport à l'affectif, et par là même des comportements, de ces deux personnages pose problème. En effet, ces partenaires étant pareillement introvertis, il est à prévoir de l'étroitesse dans l'expression de leurs sentiments. Cette rencontre est celle du sérieux, de la réflexion, des méfiances intellectuelles et, bien sûr, de la prudence sentimentale. Les désirs de pureté et de perfection de chacun sont compris et acceptés puisqu'ils sont partagés. Ce couple apparaîtra aux yeux de l'entourage comme un modèle d'amour grave. Une solitude à deux s'installera.

Or la froideur et l'insensibilité apparente de ces partenaires au-dessus de tout soupçon de fantaisie sont mensongères! La vérité des attitudes « saturniennes » est autre. Leurs économies affectives ne proviennent pas d'une déficience dans leur potentiel affectif mais d'une recherche d'absolu. D'où des scrupules, des silences, des rigidités de comportements et de propos. Toutes ces restrictions étant jugées utiles et efficaces pour éviter des souffrances affectives, psychologiques et même physiques. Poussées à l'extrême, ces tendances à l'oppression et à la concentration déboucheront sur un égoïsme et un égocentrisme apparents. Sont à surveiller des prédispositions larvées aux obsessions, aux mécontentements chroniques et à une misanthropie aigre. Et la question se pose : que peuvent se dire et se faire deux misanthropes ensemble?

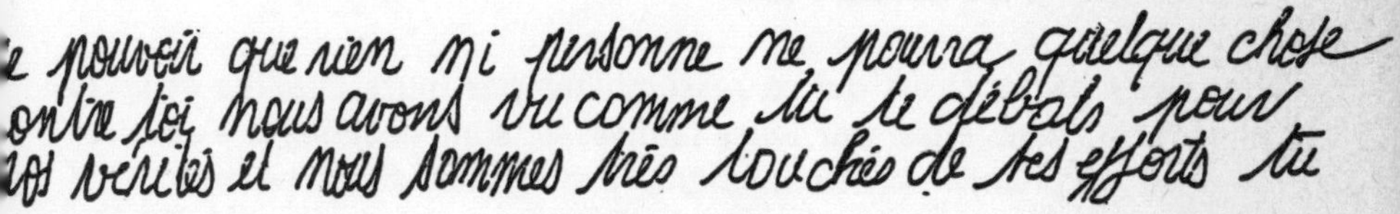


*Forme serrée*

Écriture également grande, inclinée vers la droite avec quelques redressements, en arcade (lettres *m* et *n*...).
Pression sans beaucoup de relief; tracé mou malgré des apparences de fermeté dues au resserrement de l'écriture.

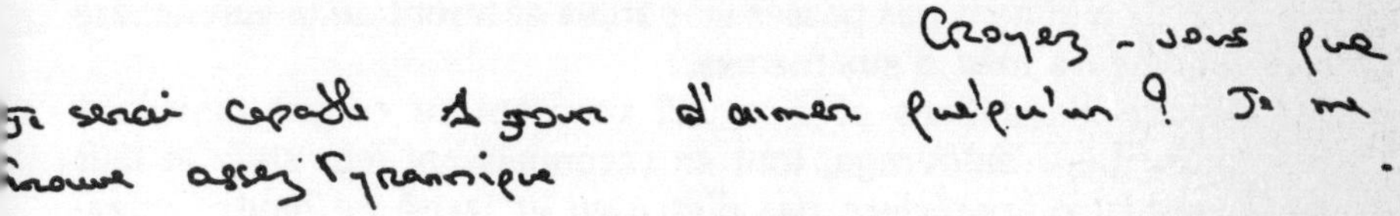


*Forme serrée*

L'écriture est également inclinée vers la gauche, espacée; à noter : formes inachevées, abîmées, lettres « à l'envers » (lettre *q*).
Pression inégale, tracé flou avec des acérations (finales des lettres et des jambages).

# FORME SURÉLEVÉE

Ces deux partenaires, qui se ressemblent par leurs qualités et leurs penchants, mais aussi par leurs faiblesses, sont destinés à s'admirer et à se mépriser... passionnément. Il s'agit de deux personnalités ayant le goût et le besoin de sentiments majestueux, idéalement beaux, plus que parfaits. Avec, en prime, de l'ambition et de l'orgueil. Aucun obstacle ne viendra arrêter la progression de leur passion. Ils se mettront d'accord pour surpasser la banalité du quotidien par des actions d'éclat et des enthousiasmes communs. Ils voudront des cadres de vie luxueux, remarquables jusqu'à en devenir immodestes. Ils se combleront d'attentions visibles. La faiblesse de cette rencontre au sommet se trouve dans un identique désir de panache. Ils n'aiment pas passer inaperçus et feront de la surenchère avec leur haute idée d'eux-mêmes.
Des cumuls d'ambitions et d'orgueil rendront ce couple difficile à fréquenter. Leur entourage, tout en reconnaissant leur style et leur rayonnement, n'appréciera pas d'être vu et traité de haut. Cependant ce couple sera à même de réaliser de belles créations et de réussir des œuvres supérieures. Une identique ampleur d'esprit et de sentiments les amènera à s'aimer au-delà de toute mesquinerie, dans la conscience partagée que la valeur de leur attachement est unique, même si elle est surdimensionnée par rapport à la réalité. Deux partenaires de ce type pécheront par un excès d'estime de soi qui, si l'on veut bien l'analyser, se révélera le cache-misère de quelque sentiment d'infériorité sous-jacent. Mais il ne convient pas de le leur dire, sous peine de blesser profondément leur susceptibilité!

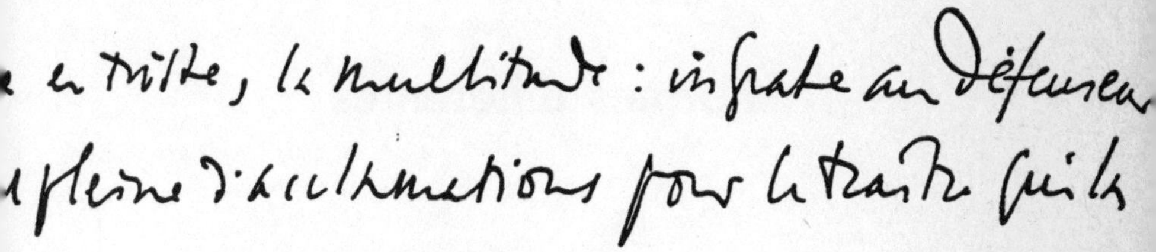
… en tristesse, la multitude : ingrate au défenseur … pleine d'acclamations pour le traître qu'il …

*Forme surélevée*

Écriture également simplifiée, anguleuse. Notez la hauteur des lettres, *g, p, d, q*...
Pression dure, appuyée, déterminée, sans bavure.

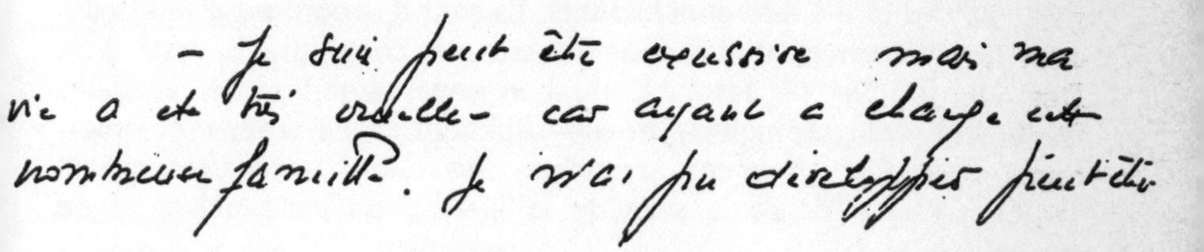
— Je suis peut être excessive mais ma vie a été très cruelle car ayant à charge une nombreuse famille. Je n'ai pu développer peut-être

*Forme surélevée*

Écriture aussi plus serrée qu'étalée, et inclinée vers la droite. Notez la surélévation et le doublement des jambages des *p*, les chapeaux sur les *l*.
Pression faussement maigre; tracé ferme mais fin.

# Formes différentes

## FORMES CALLIGRAPHIQUE ET ARRONDIE : CAL + ARR

CAL et ARR ne manquent pas de similitudes. Et ces similitudes sont des forces plus que des faiblesses. En effet, elles touchent au domaine de l'intellectuel. CAL et ARR partagent le goût des conversations intimes, des tête-à-tête enrichissants. Ils sont d'accord pour unir leurs énergies et leurs aptitudes dans des travaux communs. Et ceux-ci ne manqueront pas de fermeté, de bon sens, d'objectivité, sous les influences calligraphiques, et de diplomatie, de « sens commercial », sous les influences arrondies. Les deux partenaires possèdent au même degré le sens de la justice, du juste milieu et de l'équilibre.

Sur le plan affectif, CAL et ARR ont le souci de la politesse, une élégance de manières et le respect d'autrui. Leurs natures sont plutôt conventionnelles, quoique plus stricte pour CAL et plus sophistiquée pour ARR.

Des similitudes de force les associent sur le plan du caractère. Tous deux recherchent l'ordre, l'esthétique et une harmonie heureuse, y compris dans les détails quotidiens. Lorsque leurs graphismes sont stables, sans excès dans la calligraphie comme dans l'arrondi, les deux partenaires possèdent une humeur égale et un sens de la symétrie, de la « régularité » en conformité avec une image de marque « bien sous tous rapports ». CAL et ARR arborent une honnêteté intellectuelle, morale et affective, identiquement digne de confiance. Toutes ces similitudes plaident pour une entente facile, intelligente, exempte de conflits et de drames passionnels.

Mais de trop grandes similitudes peuvent devenir une faiblesse! Il en sera ainsi lorsque CAL et ARR s'installeront dans une vie « aseptisée » de tous problèmes. Douillettement enlisés dans des habitudes confortables et la sécurité matérielle, ces deux partenaires ne chercheront pas à faire assaut d'initiatives et de prises de responsabilités trop impliquantes. Ils accepteront tous deux les règles, les convenances et la discipline qui canalisent la volonté, les enthousiasmes et les sentiments. Étant entendu cependant qu'ARR se révoltera périodiquement contre de grandes « restrictions », notamment affectives et sexuelles. C'est alors qu'apparaîtront en pleine lumière les différences entre ces deux types caractérologiques.

Au niveau de l'esprit et de l'intelligence, les différences sont légères. CAL est plus studieux, laborieux, analytique, consciencieux que son partenaire ARR. Ce dernier est plus brillant, léger, optimiste, tolérant envers les idées d'autrui. Il va jusqu'à se montrer lyrique lorsque son imagination, son enthousiasme et sa sensibilité sont libérés. Mais il peut s'agir de différences positives dans la mesure où les aptitudes de CAL à la précision et à l'efficacité seront d'un précieux secours pour le couple. Plus ponctuel et méthodique que son partenaire ARR, il corrigera les prétentions excessives, les manquements d'horaires et les naïvetés qui pourraient déséquilibrer le couple. Les différences les plus notables sont à analyser sur le plan affectif. Cette fois il s'agit plutôt de différences de faiblesse. En effet, CAL, avec ses discrétions, ses timidités, sa pudicité et même, à l'extrême, sa froideur, désapointera son partenaire ARR plus sociable, tolérant et spontané. L'affectivité ouverte et bien visible de ce dernier se heurtera à l'affectivité fermée, introvertie et au sens de l'économie de CAL. Il en sera de même pour la sensualité. ARR possède une sensualité chaude, spontanée et sans demi-mesure. Celle de CAL est circonspecte, raisonnée, et par là même attiédie. CAL est un adepte de la raison pure. Il est méthodique jusqu'à l'obsession et peut à la limite devenir maniaque par excès de perfectionnisme. Ses préférences vont aux plaisirs intellectualisés. Toutes ces qualités ne seront guère appréciées par ARR qui souhaite plus de « chair », de chaleur, de dextérité et de partage. ARR a besoin de plaire à tout prix. Cela peut l'amener à des marivaudages, des tendances au flirt et au sentimentalisme, et à des rêveries passives. Il demande une prise en charge constante et, s'il ne l'obtient pas, il peut se tourner vers d'autres partenaires avec un certain opportunisme. Or ces manières déplairont souverainement à CAL. Celui-ci refuse de partager ses sentiments et peut se montrer sectaire et possessif. Chez lui, la raison prédomine sur l'affectif, ce qui peut, au fil d'expériences malheureuses, le conduire vers une solitude studieuse. Or le mot solitude est banni du vocabulaire de l'ARR!

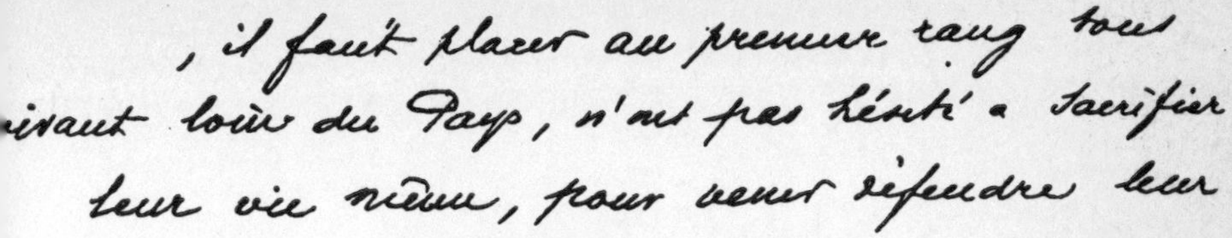
, il faut placer au premier rang tous
ivant loin du Pays, n'ont pas hésité à sacrifier
leur vie même, pour venir défendre leur

*Forme calligraphique* (CAL)

Écriture également inclinée vers la droite, petite et plutôt serrée. Pression normale avec quelques petites bavures.

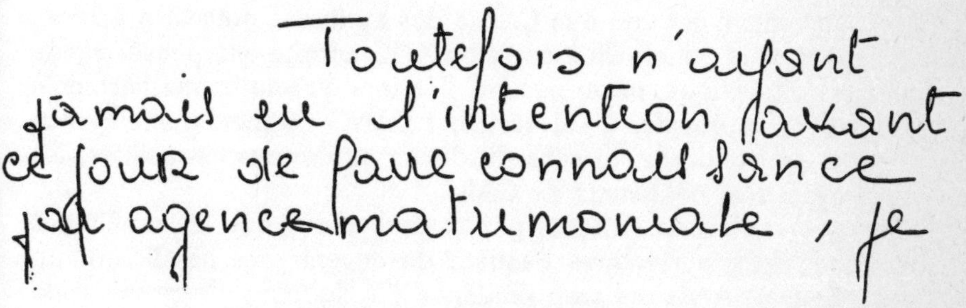
Toutefois n'ayant
jamais eu l'intention avant
ce jour de faire connaissance
par agence matrimoniale, je

*Forme arrondie* (ARR)

Écriture également grande, verticale, ample. Enchevêtrement des jambages avec les lettres des lignes du dessous, quelques arcades, (lettres *m* et *n*); les gestes restent cependant à base d'arrondis. Pression inégale avec cependant de la fermeté.

# FORMES CALLIGRAPHIQUE ET ANGULEUSE : CAL + ANG

Une similitude, qui peut être de force, réunit les partenaires CAL et ANG quand il s'agit d'échanger des idées et des propos. Tous deux partagent la même curiosité d'esprit et surtout une grande solidité de raisonnement. Il est vrai que CAL a des aptitudes pour la précision, l'efficacité et la ponctualité tandis qu'ANG adopte une pensée rigide et un esprit critique, intransigeant. Dès lors qu'une bonne harmonie existe dans le couple, il est certain qu'ANG estimera l'intelligence réfléchie et pondérée, le sens du devoir et des responsabilités, les côtés soumis et obéissants de CAL.

C'est sur le plan de l'affectif pur et de l'amour que les similitudes entre les deux partenaires risquent de devenir des handicaps. En effet, CAL et ANG ont trop tendance à « bloquer » l'expression de leurs sentiments. CAL a, vis-à-vis de l'affectif, des attitudes volontairement pondérées. Il freine la spontanéité de ses enthousiasmes et préfère rester secret et silencieux. Ses attitudes proviennent davantage d'une obéissance et d'une fidélité à son éducation sentimentale que d'une sécheresse de cœur. Il tient à rester modéré en tout et à ne jamais perturber la stabilité de sa vie quotidienne. Or les « restrictions » d'ANG sont motivées par une recherche d'absolu plus que par l'obéissance à des règles. La répression volontaire de la spontanéité affective et amoureuse d'ANG vient d'ambitions et non de soumissions. Désirant s'imposer et être définitif dans ses choix, ses accords et ses ruptures, ANG ne peut être qu'intransigeant.

Alors qu'ANG prisera son partenaire CAL pour des qualités qu'il apprécie en lui-même, à savoir, sérieux, volonté, fermeté, maîtrise de soi, indépendance d'esprit et de cœur..., CAL ne goûtera pas toujours les marques d'intolérance et d'agressivité d'ANG. Il est donc à prévoir des conflits, non pas sur la manière de s'aimer, mais sur l'intensité avec laquelle le dire et le faire. A l'extrême de ces

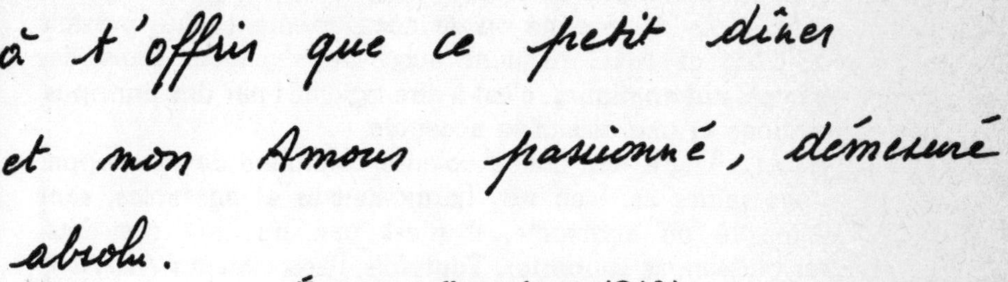


*Écriture calligraphique* (CAL)

Écriture également inclinée vers la droite et espacée.
Pression légèrement baveuse; tracé nourri.

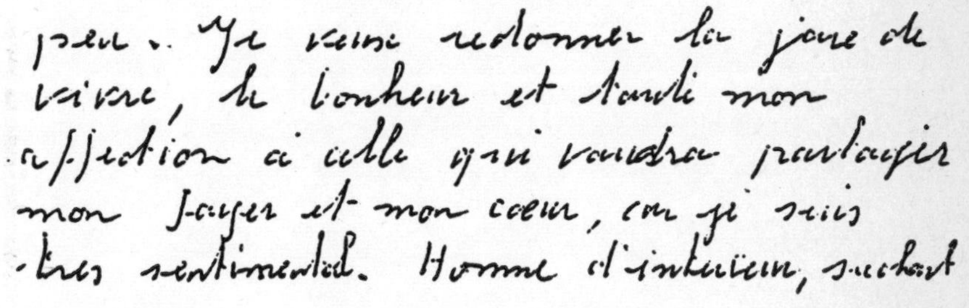


*Écriture anguleuse* (ANG)

Irrégularité dans la dimension et l'inclinaison, pression défectueuse. A noter les angles des lettres *v*, et *d*, de la base des *l*, du corps des lettres *q*...
Pression inégale, manque de relief suivi d'acération; tracé maigre et dur par endroit.

tendances, ANG peut faire montre d'égoïsme, d'égocentrisme, de rancune, d'esprit de vengeance et même de quelques touches de perversité. Ces exagérations ne seront pas appréciées par CAL qui, en toutes circonstances, s'efforce de rester dans un juste milieu. Certes, CAL ne prend pas de risques mais, au moins, il ne menace pas par des excès de langage ou de comportements une possible harmonie. CAL et ANG risquent aussi de s'installer dans des comportements automatiques, c'est-à-dire rigidifiés par des principes, des conventions et une discipline acceptés.

En conclusion, malgré une bonne volonté commune de développer des relations saines et, bien sûr, harmonieuses et agréables, sans heurt, animosité ou acrimonie, il n'est pas sûr que ces deux partenaires puissent se supporter. Toutefois, l'association CAL/ANG peut être valorisante pour CAL qui sera obligé de réagir face aux pulsions et agressions verbales et physiques de son partenaire ANG. Les énergies de ce dernier dynamiseront le potentiel affectif et amoureux de CAL, qui est par définition, un peu trop convenable.

## FORMES CALLIGRAPHIQUE ET IRRÉGULIÈRE : CAL + IRR

L'entente entre ces deux partenaires CAL et IRR est problématique. Il n'y a guère de similitudes, qu'elles soient de force ou de faiblesse, dans cette combinaison. En effet, IRR jugera les dispositions et qualités de CAL excessives. Ainsi, sur le plan intellectuel, CAL recherche l'objectivité, la vérité, la logique et le bon sens. Il allie l'intransigeance intellectuelle au goût pour la discipline, la méthode et les programmes. Certes, il manifeste une curiosité développée pour toutes les choses de l'esprit, mais sa ponctualité et son perfectionnisme limitent le résultat de ses imaginations et intuitions. A l'extrême, CAL peut devenir maniaque des détails jusqu'à l'obsession. Inversement, IRR manque d'objectivité. Il change facilement et rapidement d'idée et de logique, et sa mobilité intellectuelle, qui fait en même temps sa séduction et sa richesse, n'est pas toujours appréciée. Ses bouillonnements d'idées, de projets, son habileté à jongler avec les concepts, déplairont à CAL qui verra en toutes ces manœuvres de l'inconscience et de l'impulsivité. Cependant, il n'est pas exclu que CAL, bien attentionné, bâtisse des programmes solides sur les idées originales de son partenaire IRR.

Il n'y a guère de similitudes non plus sur le plan affectif et amoureux. CAL a besoin, pour se sentir rassuré, de sentiments « réguliers ». Il craint les affections qui ne sont pas linéaires, c'est-à-dire conformes à des principes et à une discipline de pensée, de vie et d'amour. De plus, ses sentiments sont discrets; il les laisse deviner plus qu'il ne les exhibe.

Or les dispositions affectives d'IRR sont à l'opposé. Celui-ci, toujours curieux de toutes sortes d'aventures, a des sentiments « adolescents » : vite enflammés, vite éteints. Il possède une affectivité à base d'imagination, de caprice, mais aussi de superficialité. IRR est en amour un instable chronique ! Les changements d'idées, de rythme de vie, de comportements d'IRR plongeront son partenaire CAL dans le désarroi. Ce dernier ne comprend pas que l'on puisse flirter, marivauder et vagabonder avec des choses aussi sérieuses que l'amitié et l'amour. Et c'est alors que des discussions et des controverses, des ruptures sont à prévoir.

Il est donc évident que les relations entre ces deux partenaires ne seront guère faciles. Leurs différences de caractère ne plaident pas en faveur d'apaisements. Mais dans la logique d'une attraction complémentaire, il n'est pas impossible que CAL et IRR puissent s'attirer. Il s'agira d'excitations plutôt inconscientes qui feront vibrer leur esprit plus que leur cœur, et leur corps plus que leur esprit. Passé le temps de la séduction, l'agacement commencera. CAL aura l'impression, vraie, de supporter toutes les responsabilités et d'assumer des obligations, une fidélité et une organisation de vie que son partenaire IRR est bien en peine de suivre. Ce dernier trouvera que CAL, parce qu'il en fait trop, est un moralisateur ennuyeux et triste comme la pluie.

Sur le plan du caractère, les différences entre CAL et IRR peuvent être un atout. En effet, CAL est un être prudent, patient, réservé, conventionnel, et même s'il est bloqué dans des « apriorismes », il reste utile et efficace. Il sera donc d'un secours exemplaire pour IRR, trop porté à des dualités intérieures, à des contradictions et à des oppositions dans ses comportements. CAL calmera les impatiences et les imprudences, les nervosités et les agitations, de son partenaire. Avec le temps de la vie commune et des premières déceptions, il est à prévoir des besoins d'évasion de la part d'IRR. Celui-ci cherchera à sortir du cadre, qu'il jugera trop étroit, imposé par son partenaire CAL. Par ennui, et par peur de manquer d'espace, il partira vers d'autres horizons. Quant à CAL, après mûre réflexion et un très long temps d'atermoiements, de silences, il fuira les désinvoltures d'IRR. Loin des superficialités, des dilettantismes, des éparpillements d'idées et de sentiments de ce partenaire trop mobile à son gré, CAL se repliera sur lui-même dans un confortable égoïsme.

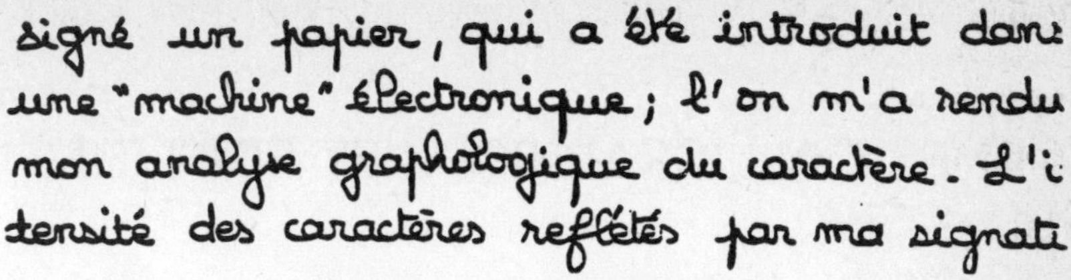


*Écriture calligraphique* (CAL)

L'écriture est également verticale; notez la forme en arcades des lettres *m* et *n*.
Pression assez lourde; tracé lent et bien encré.

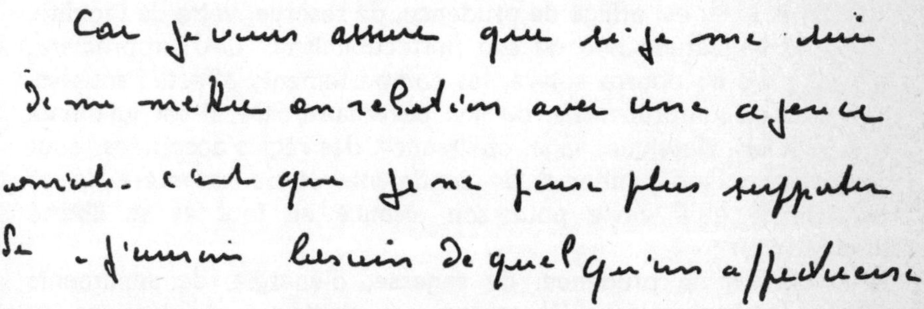

*Écriture irrégulière* (IRR)

Tracé fluctuant, vagabond, instable.
Pression inégale avec des traits aux contours mal définis.

# FORMES CALLIGRAPHIQUE ET SIMPLIFIÉE : CAL + SIM

Tout n'est que différences, dont certaines de force et quelques-unes de faiblesse, dans cette rencontre entre CAL et SIM. Il y a des oppositions dans les définitions de l'affectif et de l'amour de ces deux personnages. Le potentiel affectif de SIM l'incite à des questions incessantes sur le pourquoi et le comment des sentiments en général, de ses attractions, plaisirs et déplaisirs, en particulier. Le potentiel affectif de CAL est affligé de prudence, de réserve, voire de timidité, et d'une inquiétude née de son perfectionnisme. CAL appréciera, certes, mais ne pourra suivre, les comportements affectifs souples, tolérants et compréhensifs, de son partenaire SIM. Il est lui-même trop régulier, classique, sage, obéissant à des règles acceptées, pour comprendre l'indépendance de sentiments et de caractère de ce personnage qu'il envie pour son aisance en tout et sa liberté totale.

CAL parlera de prudence, de sagesse, d'énergie, de sentiments réfléchis et contrôlés. SIM mettra ses aptitudes imaginatives au service de mille projets, avec tous les risques d'erreurs de jugement qu'un excès d'imagination peut provoquer.

Sur la plan purement affectif, CAL trouvera que SIM va trop loin dans sa quête de sentiments idéalisés. Il lui conseillera de freiner ses enthousiasmes et ses élans, afin de rester dans un juste milieu, tellement plus sécurisant. De son côté, SIM s'efforcera de convaincre son partenaire de sortir de son carcan de bonnes manières, de régularité et d'obéissance à toutes sortes de conventions. Il l'invitera à s'améliorer et à trouver lui aussi sa philosophie de la vie.

En conclusion, ces deux partenaires, tout en étant évidemment opposés dans leur manière de penser l'amour et de le vivre, pourront cependant allier leurs capacités respectives : le dynamisme, l'audace, l'intelligence bouillonnante, la souplesse et la diplomatie de SIM, et l'esprit critique, l'objectivité et la droiture intellectuelle et amoureuse de CAL. Ils s'affronteront néanmoins énergiquement lorsque les ambitions et les enthousiasmes de l'un sembleront déréglés par rapport aux principes et à la raison de l'autre.

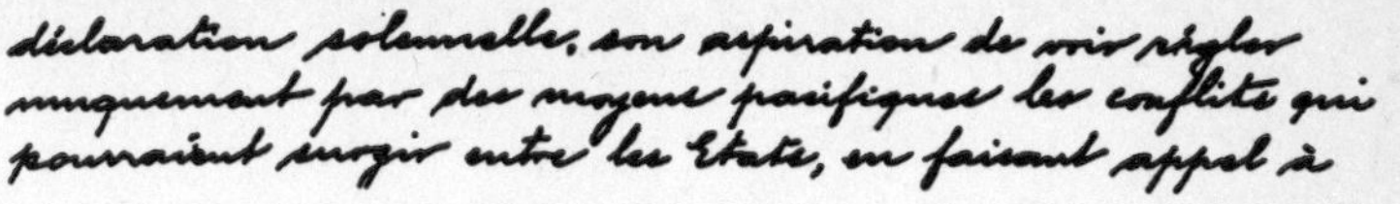


*Écriture calligraphique* (CAL)

Écriture également inclinée vers la droite, petite, quelques enchevêtrements...
Pression régulière, ferme, assez dure.

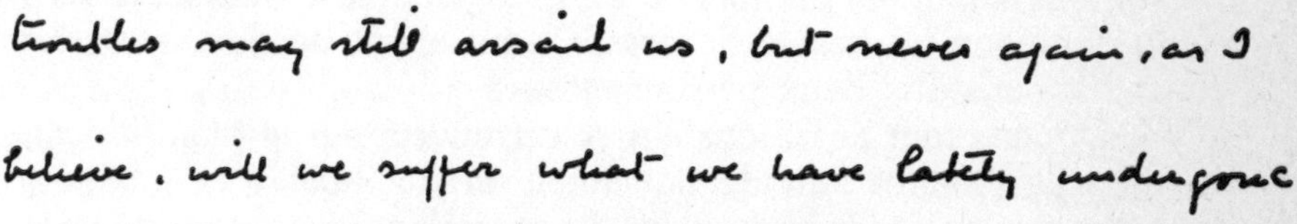


*Écriture simplifiée* (SIM)

Notez la stylisation des lettres *p* et *b* et, en général, la sobriété des formes des lettres basses.
Pression nourrie, contours peu nets.

## FORMES CALLIGRAPHIQUE ET SERRÉE : CAL + SER

Les attitudes intellectuelles de CAL et de SER présentent quelques similitudes de force. Tous deux sont réfléchis, circonspects et prudents. Ils ont le sens des responsabilités, bien qu'ils ne montrent guère qu'ils aiment en prendre ! L'esprit logique, la concision, le sens de l'observation, le besoin de comprendre avant de dire, sont des traits communs aux deux personnages.
Des similitudes tout aussi louables se retrouvent sur le plan affectif. Les deux partenaires sont identiquement sérieux, fidèles, et amateurs de sentiments profonds et durables. Ils contrôlent leur sensibilité, tant par crainte de mal aimer qu'à cause de l'idée saugrenue que l'affection et l'amour puissent être des faiblesses. Ces « restrictions » dans leur manière de concevoir l'amour les rendent identiquement silencieux, pour ne pas dire « bloqués » ! Il est vrai que l'on trouve un grand nombre de célibataires chez les CAL comme chez les SER : chez les premiers, par égoïsme et par souci de mener le plus paisiblement possible une existence bien réglée, sans heurts ni fausses notes ; chez les seconds, par timidité et par peur de dire leurs sentiments. Les motifs sont donc loin d'être identiques ! Il demeure que l'expression de leurs sentiments et désirs restera voilée tant par crainte de trop en dire que d'être mal jugé. A la longue, une sécheresse affective s'installera entre ces deux partenaires. Il s'agit bien là d'une similitude de faiblesse...
Sur le plan du caractère, les deux partenaires CAL et SER se ressemblent par quelques détails mais divergent sur le fond. Ainsi, tous les deux souffrent d'une inquiétude existentielle, d'une crainte

un mois, mon professeur de sténographie nous a parlé de la grapholo
et depuis, j'ai très envie d'approfondir mes connaissances en ce doma
J'aimerais savoir comment m'y prendre. Dois-je me référer à des li
et dans ce cas, lesquels?

### *Écriture calligraphique* (CAL)

Écriture également petite, inclinaison double—verticale et vers la gauche —, formes en arcades (lettres *m* et *n*), quelques jambages en 8 sur la lettre *f*...
Pression normale, avec peu de relief.

***Écriture serrée, voir page 155***

de perdre la stabilité dans laquelle ils se trouvent, pour peu qu'elle existe. Mais, autant les inquiétudes de CAL lui servent à structurer le mieux possible ses réflexions, ses sentiments et ses comportements, autant celles dont souffre SER ne sont pas « positives ». Le manque de confiance en soi, toute la panoplie des craintes et des peurs liées à une mauvaise opinion de soi sont plus développés chez SER.

Malgré des apparences étriquées, CAL possède une volonté et une ambition certaines; ce qui ne veut pas dire manifestes. Ces atouts serviront à mobiliser les énergies du couple et à « bousculer » SER, qui a toujours tendance à s'économiser. Malheureusement, ce dernier ne fera guère d'efforts pour être mieux compris et apprécié de son partenaire. C'est alors que s'installeront des idées noires et des humeurs pessimistes. Arrivé à ce stade d'amertume et de difficulté d'être, CAL mettra les points sur les i, avec objectivité, lucidité, et un zeste de condescendance. Et il restera à SER le choix entre « se déverrouiller », éventuellement au moyen d'une psychothérapie, ou se concentrer encore plus sur lui-même jusqu'à l'effacement et la disparition.

En conclusion, cette rencontre entre CAL et SER, malgré des risques d'anicroches, de lassitude et d'énervement, n'est pas dénuée d'intérêt. Tous deux ont une intelligence critique, méticuleuse, sujette à des doutes systématiques. CAL les met à profit tandis que SER en souffre. Là se trouve le nœud des deux démarches intellectuelles et affectives de ces personnages. L'entourage trouvera une similitude dans les comportements de CAL et SER : notamment un certain côté compassé et un refus systématique d'originalité et de fantaisie. Par contre, ils seront appréciés pour leurs convictions intimes, leur honnêteté et leur loyauté à la parole donnée. Mais que de rigueur et de conformisme dans leurs idées et leurs sentiments, que de crainte de l'inattendu, des imprévus... bref, de tout ce qui fait la joie d'exister !

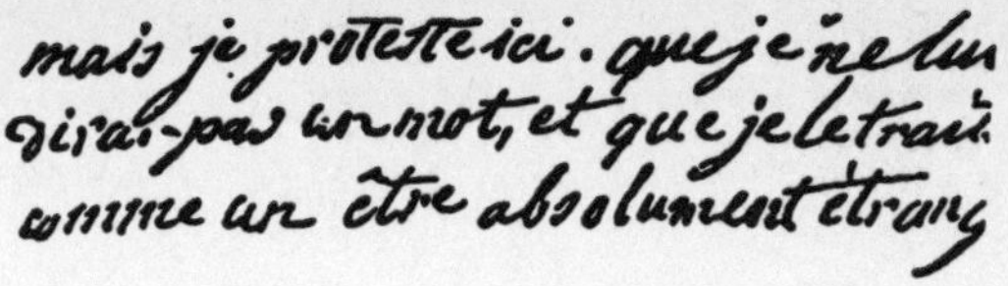


*Écriture serrée* (SER)

L'écriture est aussi inégale en direction, en inclinaison. Notez les lettres cassées (lettre *m*), des liaisons abusives entre *e* et *l* par exemple...
Pression pesante, plume écrasée.

# FORMES CALLIGRAPHIQUE ET SURÉLEVÉE : CAL + SUR

Les similitudes ne sont guère apparentes dans cette rencontre! Il s'agit de deux partenaires bien typés, chacun dans leur extrême. Ainsi, sur le plan de l'intelligence, SUR a des ambitions intellectuelles; il est créatif au superlatif. Tel n'est pas le cas de CAL qui, dans un souci de constance de pensée, gomme ses enthousiasmes et analyse consciencieusement ses ambitions afin de voir si elles sont conformes à des critères de logique et de raison.

Sur le plan affectif, qui nous intéresse principalement, les différences sont encore plus notables. SUR est déterminé, autoritaire, il refuse les hésitations, les doutes et les tergiversations. Il aime donner et est généreux avec ce qu'il possède, mais il exige en échange quantité de manifestations affectives de qualité. CAL est tout autre. Il « prête » ses sentiments et ses gestes affectueux mais n'exige rien en retour : selon son éthique d'échanges relationnels équilibrés, les sentiments ne doivent pas être demandés et encore moins mendiés; si l'amour existe, les sentiments devraient se partager le plus régulièrement du monde. D'autre part, CAL est réservé, timide, et même pudique. Il ne fait pas d'exhibitionnisme avec ses désirs.

Cependant, il n'est pas impossible que le partenaire SUR, dans la mesure où ses comportements ne sont pas trop ostentatoires et si une saine intelligence corrige ses excès passionnels, devienne pour CAL un révélateur, un maître à aimer et à créer exemplaire. Le rayonnement de SUR permettra aux qualités intellectuelles et morales de CAL d'être valorisées. L'orgueil visible s'unira à l'orgueil invisible et des attitudes vitales extraverties s'associeront à des attitudes introverties. Le désir de se hausser au-dessus des autres sera tempéré tandis que des possibilités latentes seront exploitées. CAL, cependant, sera souvent agacé par les besoins d'étonner, de surpasser, de s'imposer et de se surpasser... de son partenaire SUR. Ce dernier s'acheminera vers un complexe de supériorité tandis que l'autre sera sur la voie d'un complexe d'infériorité!

En conclusion, cette relation peut être enrichissante ou frustrante! Enrichissante si SUR, tout en exprimant ses ambitions et ses ardeurs, n'agresse pas son partenaire dans sa sensibilité contrôlée. Mais attention à de possibles revirements! Un CAL qui n'aime et n'admire plus peut changer de camp!

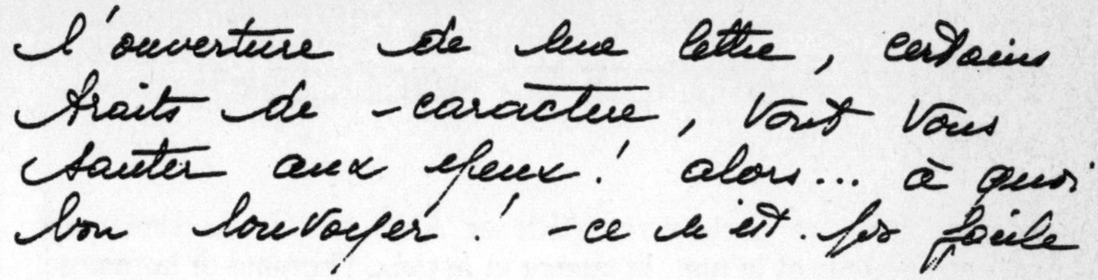


### *Écriture calligraphique* (CAL)

Écriture également grande, inclinée vers la droite, notez la longueur des barres des *t*, la surélévation des lettres *v* et *p*. Les formes générales du graphisme restent calligraphiques.
Pression inégale, encrage défectueux; tracé « velouté ».

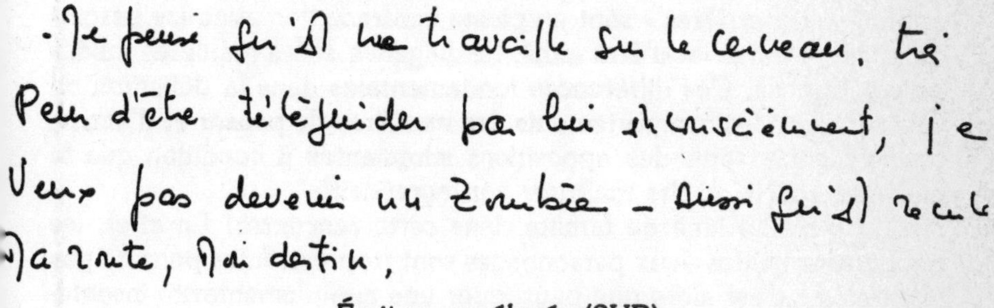

### *Écriture surélevée* (SUR)

Écriture également droite, combinée, plutôt espacée. Notez la hauteur des lettres *p, g,* l'utilisation de majuscules (lettre *m*).
Pression ferme, plutôt fine; sans bavure.

# FORMES ARRONDIE ET ANGULEUSE : ARR + ANG

Il y a entre les partenaires ARR et ANG autant de similitudes qu'entre le jour et la nuit, la guerre et la paix, l'homme et la femme! ARR possède un affectif « large ». Il est capable d'éprouver toute la gamme des sentiments et les exprime, les exploite ouvertement, spontanément, sans restrictions. ARR souhaite du sentimental et des atouts cœur en toutes circonstances. Il craint, ou mieux, déteste le brutal, l'inesthétique et l'agressif. Or son partenaire ANG a des sentiments absolus, exclusifs et passionnés, qui galvanisent l'ensemble de sa personnalité. Il s'agit bien là de la rencontre de dispositions, qualités et faiblesses « au féminin » et de toutes celles « au masculin ». ANG est un être déterminé qui désire s'imposer et dominer. Il est volontaire, maître de lui, et ne peut guère se plier à autrui. Ses aptitudes « guerrières » sont en pleine contradiction avec les besoins de plaire, d'aimer et d'être aimé, l'indulgence et les manières fluides de son opposé. Ces différences fondamentales dans la définition de l'amour, dans les comportements, les manières de penser et d'aimer, peuvent certes être des oppositions stimulantes à condition que le partenaire ANG sache maîtriser son agressivité.
Mais il y a une idée de fatalité dans cette rencontre! En effet, les tempéraments des deux personnages sont trop extrêmes pour ne pas s'attirer. Et c'est alors que peut jouer une complémentarité insoutenable. Il est certain que le partenaire ARR appréciera la force et la témérité d'ANG, tandis que ce dernier sera apaisé par la souplesse de l'autre. ANG sera heureux d'être le protecteur, l'élément fort, volontaire, pragmatique et inaltérable du couple. ARR risque cependant de souffrir des intolérances, des débordements d'énergie et des rigueurs en tout de son partenaire ANG. Les relations ne seront donc pas faciles, tout en étant efficaces.
Que de comportements et d'humeurs contrariantes chez ces deux êtres! ARR aime aimer, désire des manifestations affectives tangibles, tandis que son partenaire retient sa sensibilité et refuse de laisser libre cours à ses émotions. Le premier fait une place d'honneur à l'amour dans son système de vie, le second privilégie avant tout la fermeté, la maîtrise et la volonté.

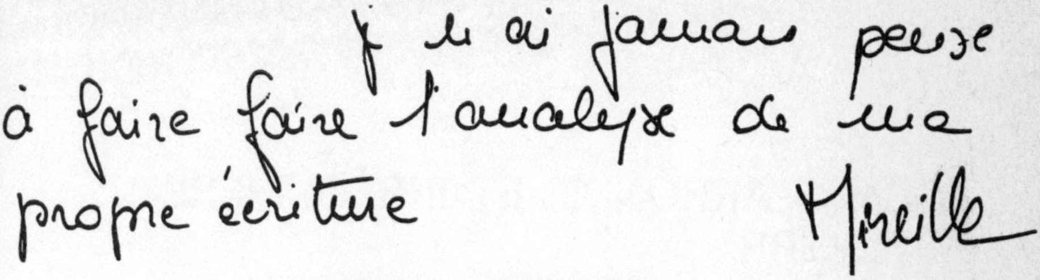

*Forme arrondie* (ARR)

A noter jambages en 8 de la lettre *f,* inclinaison irrégulière, vers la droite, vers la gauche et verticale. L'ensemble du graphisme est cependant à base de formes arrondies.
Pression plutôt lourde, tracé pâteux mais sans bavure.

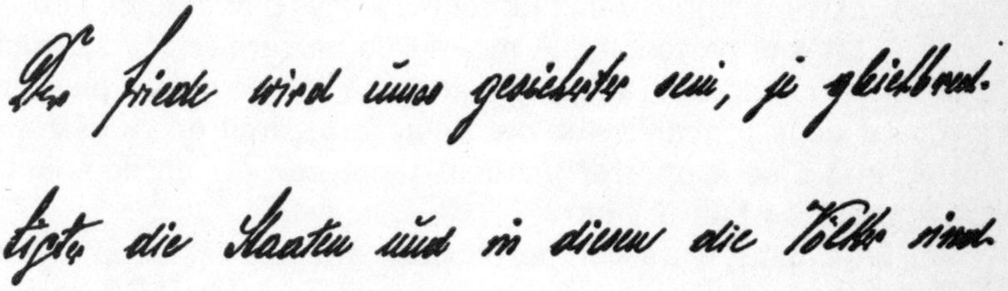

*Forme anguleuse* (ANG)

Écriture également inclinée vers la droite, serrée. Noter l'automatisme et la rigidité du tracé.
Pression ferme, appuyée, uniforme dans la rigidité.

# FORMES ARRONDIE ET IRRÉGULIÈRE : ARR + IRR

Une des définitions de l'amour pour ARR est « aimer, c'est trouver sa richesse hors de soi ». Mais en échange, il lui faut des sentiments confiants, démonstratifs, emplis de paix et d'harmonie. ARR cherche dans l'amour une union, une fusion avec l'être aimé. Cependant, cette union se doit d'être durable. Apparaît ici la première différence avec IRR. Malgré ses envies d'équilibre et de pérennité dans les sentiments, IRR est trop curieux de toutes sortes d'aventures pour se contenter d'un seul partenaire. A moins que ce dernier soit suffisamment multiple, changeant, adaptable et comédien pour être plusieurs en un ! Il est donc probable que ces deux êtres, tout en se désirant, arriveront mal à se supporter pendant toute une vie en demeurant fidèles et dévoués l'un à l'autre.

Une similitude dans leurs comportements affectifs les rapprochera tout en leur donnant l'excuse de se tromper ! En effet, ARR comme IRR sont ouverts aux sentiments des autres et possèdent une grande habileté pour jouer des émotions et sensations d'autrui. Ils ont l'un et l'autre besoin de se faire plaisir, et éventuellement de faire plaisir, notamment le partenaire ARR, ce qui peut à la limite se révéler une faiblesse. Mais autant ARR est conscient de son affectivité large et, par là-même, reste maître de ses enthousiasmes et de ses élans de cœur, autant IRR ne peut réprimer ses impatiences, ses réactions imprévues et son incessante curiosité. C'est en cela qu'ARR ne supportera pas l'affectivité double et même triple, indécise, floue et ambiguë, sujette à des malentendus et à des confusions, de son partenaire.

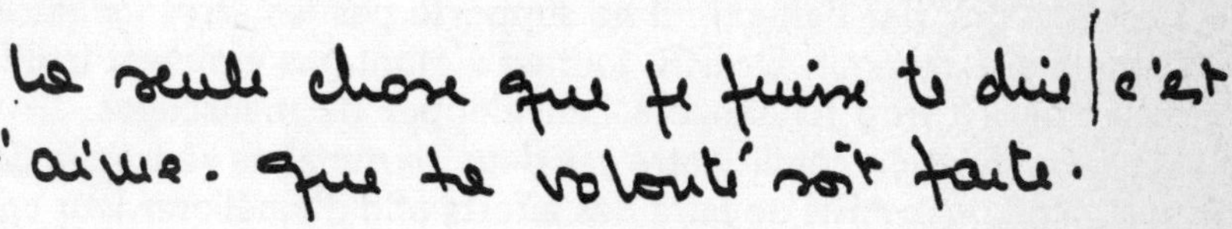

*Forme arrondie* (ARR)

Écriture également inclinée vers la gauche, plutôt simplifiée. Pression faussement molle; tracé « velouté » mais ferme.

*Écriture irrégulière, voir page 163*

ARR, parce qu'il est conciliant, tolérant, adaptable et indulgent, parce qu'il recherche une vie de cœur stable, aux ambiances harmonieusement romantiques, pardonnera souvent les sautes d'humeur et les multiples fantaisies de son partenaire. Jusqu'au jour où les épisodes de cette vie amoureuse trop riche en ruptures et en réconciliations ne l'amuseront plus. ARR ne vit et ne trouve son bien-être que par l'affectif. Il ne supporte pas les êtres indifférents à l'amitié et à l'amour. Or IRR, tout en n'étant pas vraiment indifférent à l'amour, a trop tendance à l'envelopper de mensonges.
Un autre sujet de conflit entre ces deux partenaires se trouve dans la possibilité pour ARR de faire des efforts afin d'améliorer leur entente affective. Ce dernier tient en effet à instaurer les échanges les plus harmonieux et les plus tolérants qui soient afin d'éviter toute discorde. Son ambition est d'éveiller et de maintenir éveillés, dans le cœur et dans le corps, des sentiments tendres. Or, IRR est trop impatient pour aller jusqu'au bout de ses efforts. De plus, il a tendance à prendre sa curiosité pour de l'amour!
Il est vrai qu'ARR, qui aime être séduit autant qu'il aime séduire, trouvera chez son partenaire IRR toute une gamme de sentiments excitants, une succession de joies, de craintes, de plaisirs et d'inquiétudes, tant pour les sens et l'esprit que pour le cœur.

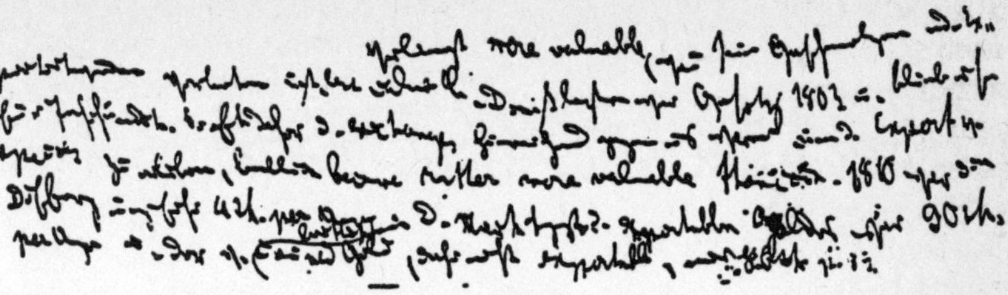

*Forme irrégulière* (IRR)

Écriture petite, serrée. Notez les variations de forme, d'inclinaison, de direction, les retouches et le balancement des lignes.
Pression instable; écriture pochée.

# FORMES ARRONDIE ET SIMPLIFIÉE : ARR + SIM

Il n'y a guère de similitudes réelles entre ARR et SIM, que ce soit dans leur définition de l'amour ou dans leurs comportements affectifs et amoureux. Cependant, une très belle entente peut associer ces deux partenaires. En effet, ARR possède une affectivité large : il désire aimer et être aimé. Il trouve son bonheur dans une intimité de cœur et dans un accord aussi bien de goûts que d'idées et de sentiments. L'affectif et l'amour sont le principal centre d'intérêt d'ARR, les révélateurs de sa joie d'exister, susceptibles de favoriser toutes sortes de conciliations, d'adaptations et de créations communes. Le comportement affectif de SIM est identiquement souple, tolérant et compréhensif, mais il diffère de celui d'ARR par des exigences d'indépendance. SIM est en quête de sentiments exceptionnels. Par là-même, il peut être déconcertant par excès de singularité pour un partenaire ARR dont les sentiments sont plus simples à comprendre et faciles à combler.

Une différence entre ARR et SIM apparaît également quant à leur conception de la finalité de l'amour. Pour ARR, l'amour est un sentiment, un art, un prétexte à sensations et à jouissances, une dépendance à l'être aimé, ou un état qui ne demande pas à être expliqué. Pour SIM, l'amour, avec le temps des expériences et des réflexions, est une source de méditation, de philosophie et d'améliorations personnelles. C'est pour lui autre chose que le bonheur quotidien, les plaisirs simples et chauds qui ravissent ARR. C'est se détacher de soi-même, et à travers tout un cheminement de pensées et d'inquiétudes, atteindre son individualité. ARR risque donc de reprocher à SIM une sorte de dépouillement affectif. Le cœur sera pur, mais peut-être sec... ARR aime de tout son cœur et de tout son corps avant d'aimer avec son âme; SIM finit par s'intéresser à l'âme tout court!

Mais il demeure que SIM sera très heureux des tendresses de son partenaire; les cent et une attentions de ce dernier le reposeront de ses excès de pensées.

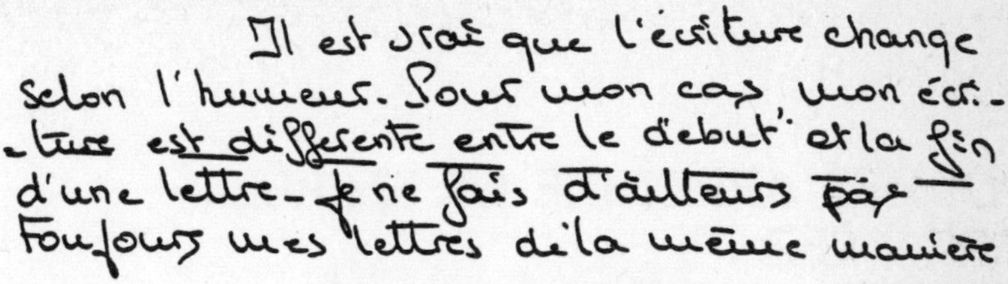


*Forme arrondie* (ARR)

L'écriture est également inclinée vers la gauche. A noter la forme en 8 des jambages des lettres *j*,, la forme en hélice des lettres *f*. Pression ferme malgré une souplesse du tracé.

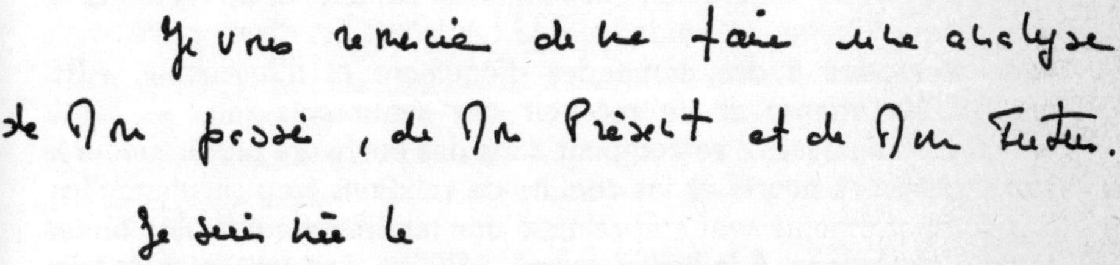


*Forme simplifiée* (SIM)

A noter les formes en croix des lettres *f* et *t*, la forme en arcade des lettres *m*.
Pression nourrie malgré des inégalités d'encrage.

# FORMES ARRONDIE ET SERRÉE : ARR + SER

Il n'y a guère de similitudes de force entre ces deux partenaires. ARR est « un affectif large » qui prend tout à cœur et se nourrit d'affectivité à haute dose. Les sentiments et l'amour sont sa grande affaire et il a besoin en permanence d'âmes et de cœurs sœurs qui le comprennent, le dorlotent et le fassent rêver. Son potentiel affectif n'en est pas pour autant composé de sentimentalité et de romantisme évanescent. Certes, sa tendance à la tendresse est développée, mais elle correspond à des demandes d'équilibre et d'harmonie. ARR accepte de donner et de recevoir des sentiments sans se sentir diminué ou agressé. Il se complaît dans des bonheurs plutôt modérés car il craint les heurts et les conflits de relations trop passionnelles. Ses comportements sont empreints d'une tendresse qui facilite toutes sortes de relations. A la limite, certes, ARR peut se contenter de trop belles manières, de complaisance et d'amours fluides et superficielles, afin de ne pas se sentir désaimé.

Or, les définitions de l'amour et les comportements affectifs de SER sont tout autres. SER a le souci constant de ne pas dépasser les limites de ses forces et de ses énergies. Cela développe ses facultés de raisonnement et de concentration mais « gèle » l'expression de ses désirs, de ses pulsions et de ses ambitions. Sa vie intérieure est riche, avec généralement une belle force spirituelle et une recherche de philosophie de vie. Mais toutes ces vertus essentiellement introverties ne conviennent absolument pas à son partenaire ARR. Le seul point commun entre ces deux personnalités se trouve dans un identique

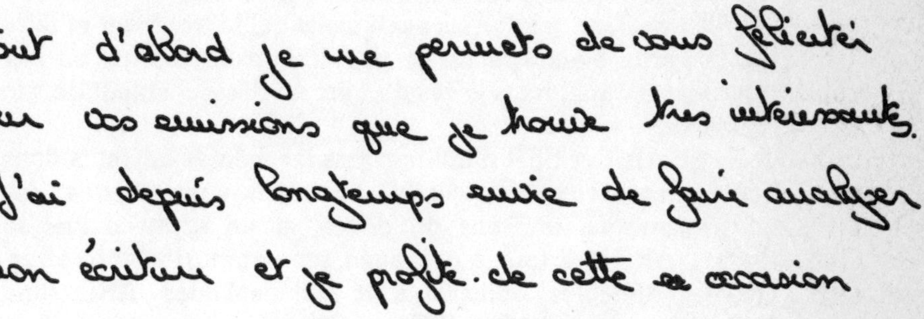
tout d'abord je me permets de vous féliciter pour vos émissions que je trouve très intéressantes. J'ai depuis longtemps envie de faire analyser mon écriture et je profite de cette occasion

*Forme arrondie* (ARR)

Écriture également inclinée vers la gauche. Observez l'amplification des jambages, les formes en guirlande (lettres *m* et *n*).
Pression épaisse, encrage spasmodique (jambage lettre *p* encrée doublement).

*Écriture serrée, voir page 169*

besoin d'harmonie. Mais autant cette harmonie réside pour ARR dans l'expression fervente d'affections et de désirs, dans la liberté et la spontanéité de comportement, autant SER trouve son harmonie dans des pudeurs, des économies affectives et un contrôle constant de ses élans. On voit donc que le même mot n'a pas la même signification pour ces deux partenaires. ARR a besoin de la présence de ceux qu'il aime; être auprès d'eux suffit à maintenir au chaud son affectivité. SER préfère écarter les sentiments qui le troublent et faire la part de la vertu. Peut-être est-ce par crainte de souffrir ou par respect pour des idéaux, mais le résultat est un déssèchement de son potentiel affectif.

Il est certain qu'ARR et SER n'utilisent pas les mêmes adjectifs dans leurs discours amoureux. SER semble avoir des vues étroites, des tendances pessimistes, un sens du devoir et un esprit d'analyse « réducteurs ». ARR est tout autre avec ses comportements affectueux, rêveurs, aimables, conciliants et mélancoliques. ARR aime sans cesse après avoir aimé... SER se méfie sans cesse jusqu'à la défiance, au doute et au racorni. Il n'y a guère de sérénité dans l'amour de SER; son esprit et son cœur semblent par trop désespérés.

Pourtant, il n'est pas exclu qu'un partenaire ARR, grâce justement à ses tendresses, sa tolérance, ses propensions à aimer, à être meurtri par et pour l'amour, puisse aider son partenaire SER à sortir de son ghetto. Mais ce déverrouillage demande un infini dévouement de la part d'ARR et une acceptation, un laisser-faire et aimer de la part de SER. Ce type d'amour devient quasiment une psychothérapie!

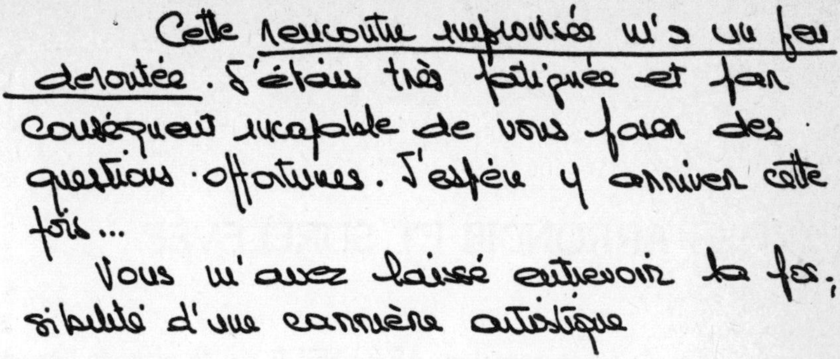
Cette rencontre improvisée m'a un peu déroutée. J'étais très fatiguée et par conséquent incapable de vous faire des questions opportunes. J'espère y arriver cette fois...
Vous m'avez laissé entrevoir la pos-sibilité d'une carrière artistique

*Forme serrée* (SER)

L'écriture est aussi inclinée vers la gauche. A noter : le resserrement des lettres *n* et *m*, l'écrassement des *s* et des *t*.
Pression forte, fermement appuyée.

# FORMES ARRONDIE ET SURÉLEVÉE : ARR + SUR

Des similitudes de force associent ARR et SUR sur le plan de l'esprit et de l'esthétique. Ces deux partenaires partagent un même goût pour le beau, le raffiné et un certain art. L'un et l'autre seront heureux de s'apporter des idées et leur savoir-faire pour embellir leur cadre de vie. De plus, ARR et SUR aiment « les grands sentiments »; précisons toutefois que ces grands sentiments sont chez SUR fondés sur l'orgueil et le narcissisme tandis que chez ARR, ils sont à base de dévouement, d'altruisme et d'adaptabilité. Les réserves affectives de SUR ont du style, elles ont besoin de s'exprimer au superlatif. Ce qui l'amène à enjoliver ses sentiments pour les hausser au-dessus du médiocre. Cette disposition ne déplaira pas à ARR dans la mesure où plus il reçoit de manifestations visibles d'intérêt, plus sa personnalité s'épanouit. Il est cependant certain que la tendance de SUR à exagérer l'expression de ses sentiments et à colorer ses affections d'idéaux trop élevés ou d'ambitions supérieures fera sourire plaisamment ARR, dont la vanité est plus modérée; même s'il se sent flatté d'être l'objet d'un tel lyrisme. Une différence de force peut également rapprocher ces deux partenaires. En effet, ARR, tout à sa sociabilité, son ouverture aux autres, son adaptabilité et sa disponibilité à tout ce qui est langage amoureux, sera un auditeur privilégié pour SUR; tout à sa dépendance du partenaire aimé, il supportera le poids et la mesure des ambitions amoureuses de ce dernier. Son désir instinctif de plaire et de complaire, d'être reconnu, comme aimable et estimable, se satisfera par ricochet des marques d'approbation et d'autre estime qui seront accordées à SUR. Mais cette dépendance

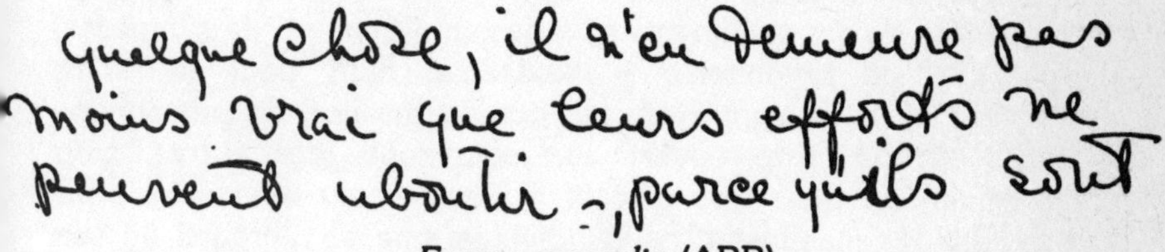


*Forme arrondie* (ARR)

L'écriture est également irrégulière en direction, inclinaison et forme. A noter, l'arrondissement des lettres *p* et *q*, les coquilles des *c* et *d*.
Pression plutôt floue, épaississements spasmodiques.

*Écriture surélevée, voir page 173*

peut devenir de la passivité ou du laisser-faire. ARR risque alors de perdre son authenticité, ce qui, aux yeux de SUR, mériterait le plus grand mépris.
Une différence de faiblesse doit être surveillée dans cette union ARR/SUR. En effet, SUR met ses réserves affectives au service de son Moi d'abord. Sans connotations trop péjoratives, il est vrai que SUR a des inspirations supérieures. Il donne de l'importance aux conséquences de ses sentiments et a besoin d'étonner, de s'imposer, d'apparaître, de rayonner... A l'extrême, SUR peut se croire invincible ! Or ARR n'appréciera pas cette suffisance. Ce personnage est trop dévoué, trop ouvert aux sentiments des autres, trop indulgent, en un mot, trop affectif et simplement amoureux pour comprendre les manifestations d'individualisme et d'orgueil de son partenaire SUR. L'amour est un plaisir pour ARR, tandis qu'il devient un honneur et un devoir supérieur pour SUR ce que SUR argumentera en disant qu'il n'y a pas d'affection ni d'amour durable sans une haute estime réciproque.
En conclusion, des conflits restent possibles. Heureusement que l'un des partenaires, parce qu'il est conciliant, adaptable et « affectif large », saura dédramatiser les moments passionnels et insupportables de mauvais orgueil de l'autre.

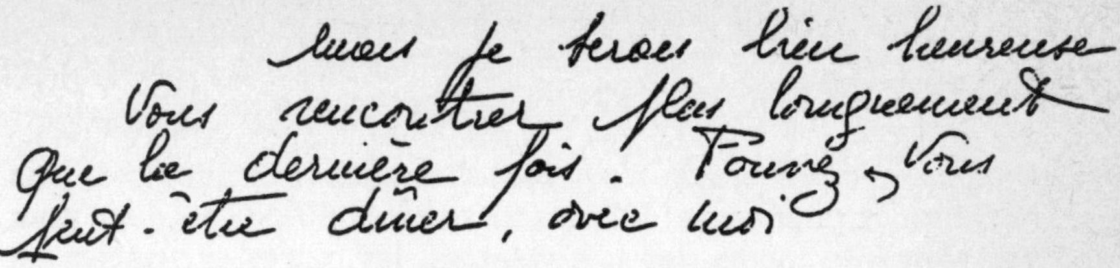


*Forme surélevée* (SUR)

Écriture également inclinée vers la droite et à tendance calligraphique. Notez la surélévation des lettres *s, p...*
Pression inégale; tracé avec des « blancs ».

# FORMES ANGULEUSE ET IRRÉGULIÈRE : ANG + IRR

Une bonne compréhension n'est pas au rendez-vous avec ces deux partenaires. Et pour cause! Le potentiel affectif d'ANG est durci pour toutes sortes de motifs, les uns valables, les autres excusables, et d'autres, enfin, problématiques. Cela peut provenir d'une éducation stricte, d'une résolution délibérée, d'un besoin de rectitude ou plus simplement de tendances rigoureuses et volontaires. En tout cas, les comportements affectifs et amoureux de ce personnage sont, dans leur ensemble, anguleux, formels, intransigeants, voire piquants. Or IRR, merveilleusement instable, libre et libéré dans l'expression de ses sentiments, n'appréciera pas les « angles » de son partenaire. D'autant que ce dernier ne pourra s'empêcher de faire nombre de remontrances sur l'impulsivité, l'inexactitude, l'extrême mobilité, les flux et reflux d'humeur de son partenaire IRR. Il n'y a guère de tolérance, de souplesse et de conciliation chez ANG; par contre, on trouve chez lui de la stabilité et de l'équilibre, dans la mesure où les conceptions de l'amour, ses propos, ses gestes et ses attitudes, sont réglés selon des principes de sécurité et de garantie, moral notamment. ANG est fidèle à ses engagements et authentique dans ses décisions. Lesdites décisions pouvant d'ailleurs être de rupture, et cela d'une manière irrévocable.
Les différences entre ANG et IRR sont donc un handicap. La légèreté dans les contacts amoureux d'IRR, sa curiosité développée le poussant à des expériences multiples et renouvelées, sa perméabilité affective, ses attitudes changeantes, seront critiquées, voire méprisées par ANG. Ce dernier se laissera pourtant séduire, le temps d'une attraction physique, par la richesse affective et amoureuse de son partenaire. Richesse à base d'émotivité trop développée, d'imagination et d'art de superposer les intrigues et les liaisons.
Il entre dans la définition affective et amoureuse d'ANG des paramètres du genre : « Après avoir souffert, il faut souffrir encore, il faut aimer sans cesse après avoir aimé ». Tel n'est pas le cas d'IRR dont la devise est de jouir de tout, intensément et rapidement. IRR a suffisamment d'inquiétudes en lui, avec ses oscillations d'humeur et ses contradictions intérieures pour ne pas avoir besoin d'en rajouter. Il n'est pas exclu qu'ANG, dont les sentiments ne sont pas dégagés d'une certaine perversité, se complaise avec ce partenaire qui ne peut que le faire souffrir. IRR quant à lui ne donnera jamais à ANG le droit de le faire souffrir. Ce personnage a un caractère trop bien trempé pour se laisser faire!

*Je vous remercie de faire une analyse de mon écriture.*

*Je m'appelle*

Forme anguleuse (ANG)

Écriture également inclinée vers la droite et à base calligraphique. Notez les angulosités des lettres *v, m, t, u*, la surélévation des *p* et la prolongation des traits finals.
Pression ferme, avec quelques bavures; des tracés « tranchants » (lettres *m* et *t*).

*Votre écriture est belle, très fine, mais je constate une inégalité dans la forme de vos lettres. Pouvez-vous m'en donner l'explication ; je constate également cela dans mon écriture et chez d'autres personnes.*

*Forme irrégulière* (IRR)

Observez la variété des formes des hampes, jambages et corps des lettres : forme en 8 du jambage de la lettre *f*, forme en angle du jambage de la lettre *g*, jambage doublé des *p*, etc...
Pression inégale.

# FORMES ANGULEUSE ET SIMPLIFIÉE : ANG + SIM

Quelques similitudes de force ne sont pas impossibles entre ANG et SIM. C'est notamment au niveau de l'esprit et de l'éthique que ces deux partenaires peuvent se rejoindre. En effet, SIM possède un remarquable degré d'évolution, tant psychologique qu'intellectuelle et affective. Ce personnage semble avoir atteint son authenticité par la suppression « d'accessoires » dans son approche de l'existence et des sentiments. Les fausses vérités, les sentiments ambigus et les situations conflictuelles n'ont aucun charme à ses yeux. Enfin, la raison prédomine sur l'imagination et les pulsions instinctives. C'est à ce niveau que les deux partenaires se retrouveront car ANG raisonne tout autant ses sentiments. Avec, cependant, une différence dans la manière d'affirmer ses opinions et par là-même ses ambitions et ses désirs; en effet, ANG est un être à la volonté ferme et définitive, autoritaire et dogmatique. Ce qui n'est pas le cas de SIM qui, fort heureusement, use de souplesse plus que d'agressivité.

Sur le plan de l'affectif et de l'amour, SIM reprochera à ANG sa combativité à double tranchant. Il n'aimera pas être commandé et supportera mal les exigences et la rigidité de comportement de son partenaire. Se présentent alors des différences de faiblesse entre souplesse, adaptation et compréhension chez l'un, intransigeance, fermeté implacable chez l'autre.

Les deux partenaires ne pourront donc s'entendre que si une grande intelligence et une tolérance exemplaire sont au rendez-vous. Par contre, il y aura des heurts entre leurs sentiments puissants, passionnés et absolus. Des mélanges de scrupules et d'idéaux, de réserve et d'agressivité, feront osciller les émotions de l'un et de l'autre. Et des crises d'angoisses suivies de déclarations catégoriques puis de réconciliations se succéderont. Certes, il n'est pas impossible que la combativité et l'agressivité d'ANG permettent à SIM de « décoller » vers des créations supérieures. Mais il manquera toujours entre eux de la séduction de manières, de la tolérance et mille petites complicités adoucissantes.

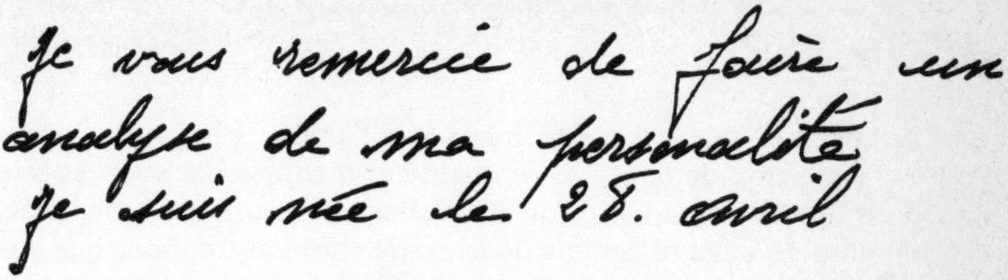


*Forme anguleuse* (ANG)

A noter la forme en triangle du jambage de la lettre *f*, mais également la forme en 8 du jambage des *j*. Angles aux lettres *m, n, p*, à la base des *l*.
Pression à la fois ferme, appuyée et pâteuse.

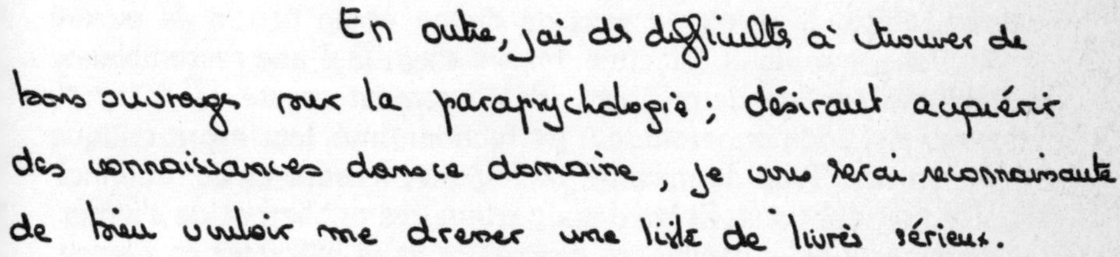


*Forme simplifiée* (SIM)

L'écriture est à la base calligraphique, avec quelques arcs (lettre *n*).
Les simplifications se trouvent notamment sur les lettres *l, t, b*...
Cette écriture est également inclinée vers la gauche. Il ne s'agit pas de simplification parfaite.
Pression irrégulière; tracé assez fin avec des « pochages ».

# FORMES ANGULEUSE ET SERRÉE : ANG + SER

Cette rencontre est celle des maux de l'amour plus que de ses plaisirs ! Il y a trop de fermeté, de rigidité et d'agressivité sous-jacente chez l'un des partenaires, et de restriction, de souffrance masquée, d'économies de volonté comme de courage chez l'autre, pour que des relations ambiguës ne se créent pas. ANG n'aime pas les sentiments tièdes et précaires, qui s'expriment par des tendresses et des niaiseries. Il veut des sentiments forts, à l'image de ses actes et de ses déclarations d'intention. Cette dureté de sentiments cache en réalité des faiblesses de cœur qui ne veulent pas s'avouer. Or SER, perclus dans ses tendances introverties, dans sa prudence et sa circonspection, dans ses répressions et ses surveillances, s'arrêtera aux agressions de son partenaire au lieu de remonter à leur source.
Une similitude d'ordre intellectuel et moral pourra les rapprocher quelque temps, à savoir, le sens du devoir et un besoin de pureté intellectuelle, morale et affective. Mais il s'agit là d'une ressemblance de faiblesse car les deux êtres, identiquement amateurs de sentiments exacts, additionneront leur perfectionnisme, leur esprit critique et leur rigueur. Trop de mesure, de logique, d'ordre et de rationnel, seront au rendez-vous. Et les deux partenaires oublieront de s'aimer, trop occupés à se surveiller, se contredire et se mépriser en silence. ANG et SER rumineront les plus petits accrochages. Il est à craindre que SER n'osera guère formuler ses déceptions. Il se contentera de souffrir en silence des maladresses de son partenaire. Et l'excuse lui sera bonne pour se recroqueviller encore plus dans un égoïsme souffreteux. Il y a chez ANG une prédisposition à faire souffrir les êtres qu'il aime. La sévérité, la critique, semblent licites à ce partenaire, dès l'instant où l'amour les commande.
Si ANG apprend à dominer les aspérités de ses comportements et si SER, par amour, veut bien déverrouiller ses « serrements de cœur », il n'est pas exclu que s'installe entre deux une sorte d'entente cordiale, au sein de laquelle chacun conservera ses convictions intimes. Rigidité et conformisme dans les idées et les sentiments seront au menu, et tous deux s'aimeront avec prudence afin de ne pas se fourvoyer dans des libertés affectives et amoureuses non appréciées par le partenaire.

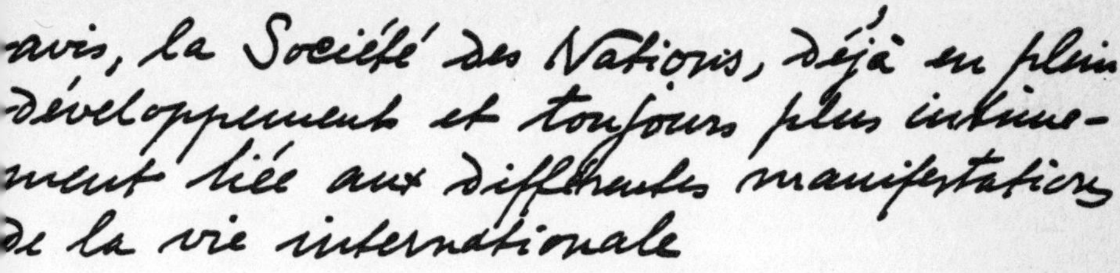


*Forme anguleuse* (ANG)

Écriture également inclinée vers la droite, avec quelques enchevêtrements. A noter les angulosités des bases des lettres *l* et *t*, des lettres *p, m, n...*
Pression tranchante, ferme, dure, appuyée.

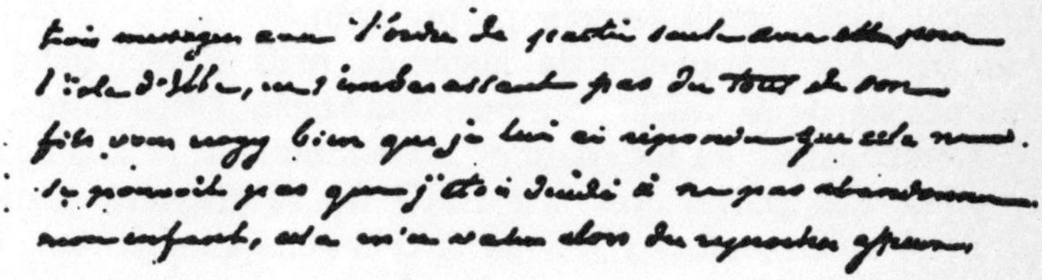

*Forme serrée* (SER)

Forme très petite que l'on peut assimiler à la forme serrée.
Pression floue compte tenu du rétrécissement de la dimension.

# FORMES ANGULEUSE ET SURÉLEVÉE : ANG + SUR

A priori, une certaine similitude dans leur définition de l'amour peut rapprocher ces deux partenaires. Tous deux auront des sentiments absolus, exclusifs, passionnés même qui ont pour première conséquence de galvaniser l'ensemble de leur personnalité. Mais cette similitude n'est qu'apparente. En effet, les réserves affectives et amoureuses d'ANG sont intolérantes, dépouillées d'accessoires, de toute fantaisie, jugés nuisibles à la pureté des sentiments. Les déclarations d'amour d'ANG sont « brutes de décoffrage », sans fard et souvent sans tendresse, ce qui n'est pas le cas de celles de SUR, qui exhibe la supériorité de ses sentiments avec la conviction d'être le meilleur. Il s'agit donc de la rencontre de l'exigence et de l'orgueil, de la sévérité rangée et de l'amour propre lyrique.

SUR a une bonne opinion de lui-même mais il recherche une reconnaissance de sa valeur. Surtout, il a besoin d'être assuré qu'il est bien aimé, estimé au superlatif et, en fait, qu'il est le plus beau, le plus parfait des partenaires. Or ANG ne se risquera jamais à formuler de telles louanges! Même si celles-ci sont méritées, il les taira car il ne les juge pas indispensables à la pérennité de leur amour. ANG ne jouera par le jeu des ambitions et des orgueils de SUR. Et celui-ci se trouvera en manque de flatteries.

D'autre part, la mise en œuvre du potentiel affectif et amoureux de SUR est voyante. Il est vrai que l'excellence de ses possibilités conceptuelles et pratiques lui permet d'afficher des chefs-d'œuvre. Or, une fois encore, cet affichage déplaira à ANG dont les idéaux de moralité et de perfection sont sobres.

Comme les dispositions premières d'ANG sont à l'offensive et à la volonté agissante, il est certain que des attaques en tout genre sont à prévoir. Se voulant efficace dans l'expression de ses sentiments et dans la création d'un foyer conforme à son éthique de pureté, il n'hésitera pas à prendre les armes pour calmer les enthousiasmes et l'orgueil maladroit de son partenaire. En conclusion, cette rencontre peut être celle des gladiateurs armés jusqu'aux dents et des toreros flamboyants...

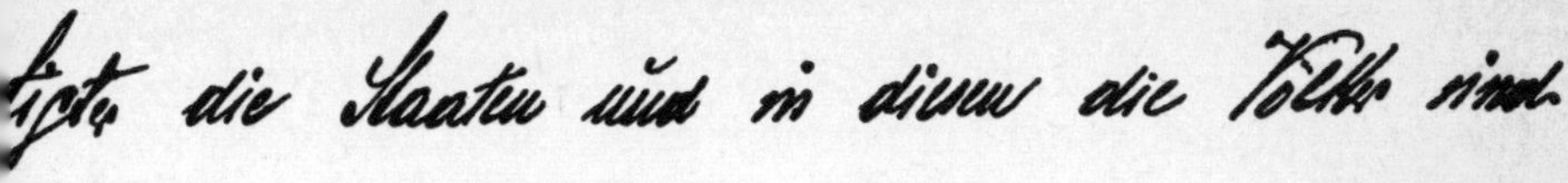

Forme anguleuse (ANG)

A noter, graphisme automatique, rigide. Angulosité de la base des lettres. Écriture également serrée et inclinée vers la droite. Pression épaisse, lourdement et fermement appuyée.

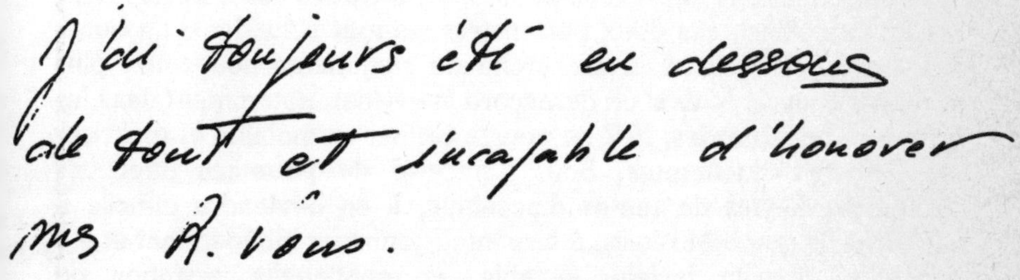

*Forme surélevée* (SUR)

Observez la surélévation des lettres *t, j, p*... Forme également inclinée vers la droite avec des simplifications, tendances irrégulières. Pression inégale, lettres « pochées »; une certaine fermeté dans les tracés verticaux.

# FORMES IRRÉGULIÈRE ET SIMPLIFIÉE : IRR + SIM

Ces deux partenaires ont suffisamment d'habileté et de subtilité pour tirer profit de quelques similitudes, qui se feront de force, et surtout de différences qui éviteront ainsi d'être de faiblesse. Il faut reconnaître que pour SIM l'amour et l'affectif ont une définition et une finalité où la part belle revient à l'intelligence. Ce dernier mot doit être compris dans les sens les plus flatteurs qui soient : faculté de comprendre, de combiner, de choisir avec compétence et à propos les meilleurs formules, idées et sentiments. Les sentiments de SIM sont inventifs, souples, mais toujours indépendants. Or IRR possède les mêmes dispositions : imaginatif, fantaisiste, intérieurement inquiet, curieux de changements d'idées et de sentiments, se complaisant dans des situations imprévues et inédites, il trouve son bonheur dans l'instabilité. Ainsi, ces deux partenaires sauront s'évader d'un quotidien banal et partir à la recherche de sentiments nouveaux, plus excitants à vivre. Mais si un désaccord intervient, notamment dans les propos et les attitudes, IRR ne pourra calmer sa mobilité et maîtriser ses humeurs fluctuantes. Sous l'emprise de poussées affectives constantes suivies de temps d'accalmie, il en deviendra difficile à vivre, tandis que SIM réussit à être intelligemment indépendant et n'a rien d'un libertin farfelu, instable, en continuelle gestation de sentiments nouveaux.
Il est vrai qu'un jeu de séduction facilitera leurs relations. Tous les deux sont charmeurs, aiment séduire et se trouver des raisons rationnelles ou irrationnelles d'aimer. La différence est que SIM est en quête de son unité et de son authenticité. Il est exigeant en qualités supérieures qui lui permettent de s'élever au-delà d'un contexte de vie trop horizontal. Or IRR n'a pas la même approche psychologique des sentiments et des êtres. Il cherche cent et une nourritures intellectuelles et affectives qui puissent le désennuyer tandis que son partenaire, épris de perfection et de vérité, se refuse aux jeux de balançoire, aux infidélités et aux ambiguïtés. Les deux partenaires estiment à juste titre que les vrais plaisirs de l'amour consistent dans la libre disposition de soi-même. Mais autant SIM fait bon usage de cette formule en acceptant une liberté surveillée, autant IRR veut aller jusqu'au bout de ses plaisirs et de ses déplaisirs.
Une passion durable entre ces deux partenaires peut être une espèce de chef-d'œuvre! Beaucoup de désirs, d'attirance physique et intellectuelle, de jeux et d'inventions...

suis assis sur un tronc d'arbre, au
milieu des pins, ça sent bon la résine
le ciel est bleu, sans un nuage, le
soleil me rôti doucement, je suis bien
je pense à toi. Comme j'avais prévu
ça, j'ai apporté du papier à lettre et je
t'écris.

*Forme irrégulière* (IRR)

A noter les inclinaisons différentes des lettres, les maladresses. La tendance générale est cependant à la calligraphie.
Pression inégale avec des épaississements.

J'écris des choses qui sont enfouies au fond
de la mémoire depuis si longtemps. Ma vie
ayant été si végétative, triste et monotone

*Forme simplifiée* (SIM)

Écriture également inclinée vers la droite, espacée, en guirlande. A noter la simplification des lettres *t, f, p*...
Pression plutôt fine, avec quelques bavures.

# FORMES IRRÉGULIÈRE ET SERRÉE : IRR + SER

IRR est essentiellement un être sensible, vivant au rythme de ses émotions et de ses affections. Ses comportements exaltent la sensibilité! Il subit et exprime spontanément ses plaisirs et ses déplaisirs, ses bonheurs et ses malaises, ainsi que toute la gamme de ses sentiments : amitié, tendresse, amour, tristesse, vague à l'âme, passion, et autres petits mouvements du cœur. Il en va autrement pour SER qui est un être calme, pondéré et réfléchi, s'efforçant de ne jamais se trouver pris au dépourvu par ses sentiments. Il y a de la rigueur, dans le domaine des idées comme dans celui de l'affectif, chez ce partenaire trop concentré sur des idées de pureté et de perfectionnisme. A moins qu'il ne s'agisse d'une souffrance et d'une inquiétude purement psychologiques. Il n'y a donc guère de similitudes entre ces deux personnages dont les définitions de l'amour diffèrent tant dans les objectifs que dans les moyens. Les finalités d'IRR sont de rencontrer de multiples sources d'excitations, d'alimenter ses impatiences et ses indisciplines et de se désennuyer d'une existence jugée terne par de perpétuelles alternatives de confiance et d'incertitude, d'indépendance et de soumission. Celui de SER est, à l'inverse, de se concentrer sur un unique sentiment, même si celui-ci n'est pas exempt de souffrance. Ses attitudes sont en retrait pour lui permettre de faire œuvre de réflexion à l'abri des impacts extérieurs. Certes, ces tendances à la concentration en soi-même, à la pureté, aux scrupules, et finalement à la solitude, sont incompréhensibles pour IRR!

Il n'est cependant pas impossible que cette rencontre soit, contrairement à toute attente, le prélude à une passion ambiguë, douloureuse à souhait et épuisante. IRR aura pour mission, bien inconsciente, de provoquer son partenaire SER et de l'obliger à dynamiser des instincts existants mais refoulés, dormants ou réticents à s'exprimer. Il n'est pas impossible non plus qu'IRR, ne comprenant pas que son partenaire SER souffre en son for intérieur d'une introversion exagérée et d'une timidité excessive, refuse de participer à des ébats affectifs et amoureux qui l'ennuient et l'agressent. De plus en plus excité par les refus de son partenaire, IRR deviendra alors insupportable, critique et coléreux.

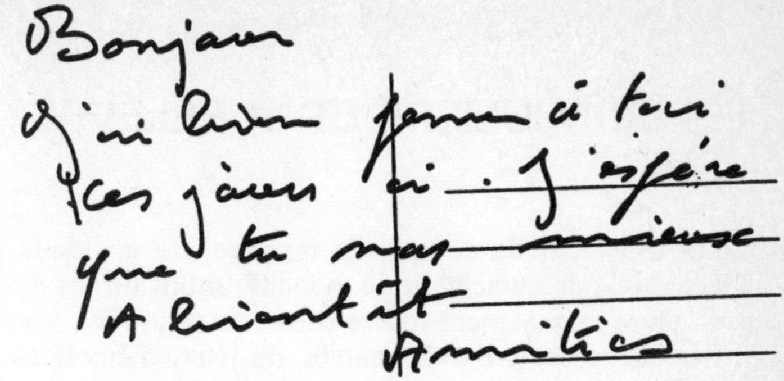

*Forme irrégulière* (IRR)

Notez les irrégularités permanentes, de forme, d'inclinaison, de dimension...
Pression pâteuse, molle, avec cependant quelques rigidités. Tracé inégal, épaississements.

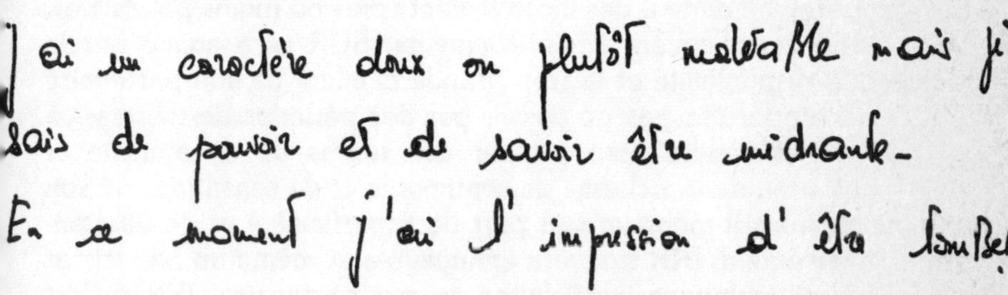

*Forme serrée* (SER)

Observez le resserrement des lettres *t, r, n, m*... Écriture également verticale, avec quelques irrégularités vers la droite et vers la gauche.
Pression irrégulière avec des fuselages (doublement des jambages).

# FORMES IRRÉGULIÈRE ET SURÉLEVÉE : IRR + SUR

Une attirance intellectuelle et sexuelle rapprochera ces deux partenaires. IRR, modèle de vivacité et de mobilité, saute sur les moindres occasions de vivre intensément toutes sortes de nouvelles aventures. Il lui faut des successions d'événements, de jeux, d'émotions et de sentiments, pour maintenir son potentiel affectif au zénith. Toute cette débauche d'imagination, d'impulsivité, de fantaisie et d'improvisation, plaira fort à SUR. Il faut à ce partenaire du spectaculaire dans tous les domaines et notamment dans celui du cœur. De plus, il y a un goût du « risque » dans les ambitions de SUR : il recherche des idéaux supérieurs, des sentiments transcendants, et, par là-même, manquant de sagesse. Or, IRR est particulièrement doué pour provoquer des moments critiques, semer des révolutions, bouleverser les équilibres et modifier les harmonies. IRR aime dangereusement ! Et il expose qui il aime à des inconvénients plus ou moins prévisibles. Mais, passé les premiers émerveillements, SUR sera agacé par la mobilité, la disponibilité et la trop grande habileté de son partenaire IRR. Il ne supportera pas de passer par des périodes de dépression inattendues. Il voudra bien profiter des temps de dynamisme et d'enthousiasme, de la richesse de sentiments et de sensations de son partenaire, mais il méprisera sa part de superficialité et de dilettantisme. Inversement, IRR trouvera ennuyeuses et même un peu tristes les éternelles ambitions insatisfaites de son partenaire. IRR a l'art d'éveiller des sentiments intenses, stimulants, fortifiants même, toujours toniques, mais aussi épuisants et inquiétants. Il porte à leur paroxysme des émotions qui, a priori, auraient pu rester harmonieuses. SUR a besoin, pour que ses sentiments perdurent, que son partenaire possède une aura ; IRR peut effectivement, au moment de la conquête, être un révélateur de grands sentiments pour SUR. Ce qui n'est pas conforme aux goûts et attitudes d'IRR, qui ne considère pas qu'admirer soit aimer !

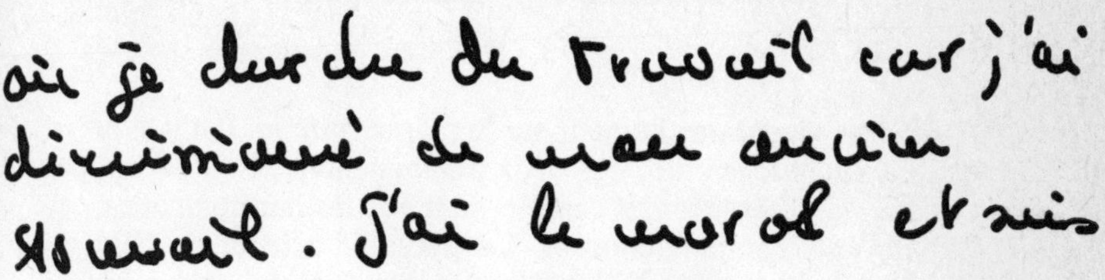

*Forme irrégulière* (IRR)

Écriture également simplifiée. Irrégularité dans la direction, la dimension, les formes.
Pression lourde, épaisse, inégale, spasmodique.

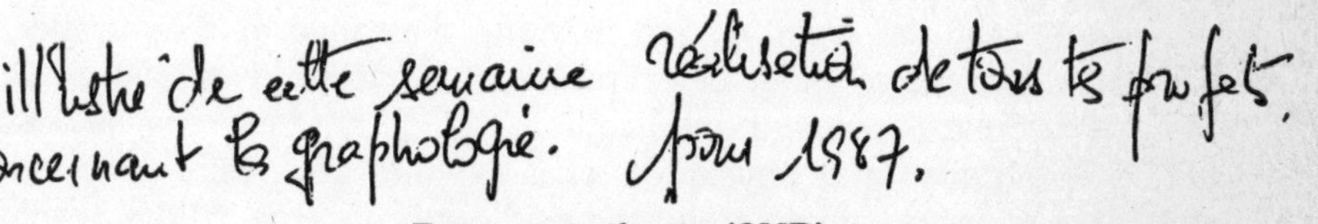

*Forme surélevée* (SUR)

A noter, les formes artificielles (lettres *p, l, g*), les retouches des lettres *l*. Les surélévations sont visibles sur les lettres *p, g* et *j*. L'ensemble des formes fuse vers le haut.
Pression inégale, plutôt fine, dure.

# FORMES SIMPLIFIÉE ET SERRÉE : SIM + SER

SIM et SER ne vivent pas l'amour sur le même rythme. Il n'y a guère, a priori, de similitudes entre ces deux personnalités. Mais il n'est pas exclu que leurs différences, si celles-ci sont vécues harmonieusement, puissent devenir complémentaires. Le potentiel affectif de SIM est nourri par de la curiosité, des goûts pour la recherche et des quêtes d'absolu. SIM est intellectuellement et affectivement perméable aux sentiments d'autrui, dans la mesure où ceux-ci sont porteurs d'idéaux et exempts de médiocrité et de caprices. Lorsque SIM recourt à des propos ou des comportements vagues, il s'agit de pudeur et de subtilité, mais surtout pas de doutes ou d'infidélités. C'est à ce niveau de concentration des sentiments vécus qu'un partenaire SER, avec ses prudences, ses craintes, son manque d'aisance et d'assurance, peut être compris et aimé. Les réserves et les attitudes affectives de SIM sont donc fortement intellectualisées. Il lui faut des liaisons autant spirituelles que physiques, et il exploite ses désirs avec une souplesse adaptée, qui ne manque pas d'opportunisme. SIM a besoin d'originalité, d'initiatives, de communion d'idées, et de langage. Il lui faut, de plus, avoir la sensation d'être libre et d'accorder de la liberté à l'autre. Quant à SER, il est pudique, éminemment discret, avec ses désirs et ses pulsions. Chez lui, les plaisirs de l'amour sont vécus intérieurement, et encore faut-il qu'ils soient acceptés. En effet, il y a toujours quelque part dans la personnalité de SER une angoisse à analyser et à calmer, des sentiments et des désirs étouffés à aérer. Entre les méfiances de SER et l'aisance de SIM, tout est question de doigté.

Il y a donc une nette opposition dans la définition de l'amour de ces deux personnages, et cette rencontre ne restera une heureuse combinaison que si SIM cherche à analyser les silences et l'austérité apparente de son cher SER. Le souci des détails, la méfiance, les scrupules et même l'étroitesse d'idées et de sentiments de SER, devront être objectivés. Une pseudo-sérénité pourra alors s'installer, qui, au fil du temps, permettra à SER de s'ouvrir et de dévoiler des sentiments et des désirs jusqu'alors tenus secrets.

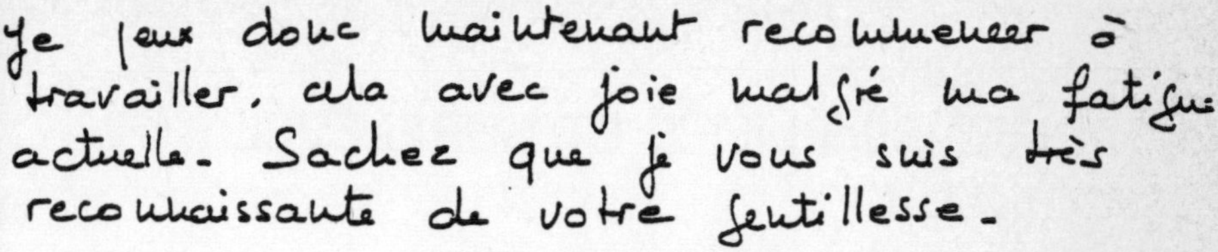
Je peux donc maintenant recommencer à
travailler, cela avec joie malgré ma fatigue
actuelle. Sachez que je vous suis très
reconnaissante de votre gentillesse.

*Forme simplifiée* (SIM)

Écriture également verticale, avec quelques surélévations (lettres *j* et *g*). A noter, les simplifications des lettres *p, l*...
Pression normale, présence de quelques « blancs ».

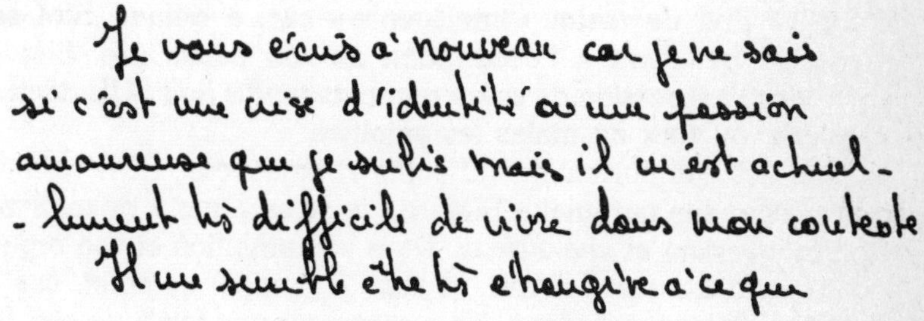
Je vous écris à nouveau car je ne sais
si c'est une crise d'identité ou une passion
amoureuse que je subis mais il m'est actuel-
-lement très difficile de vivre dans mon contexte
Il me semble être très étrangère à ce qui

*Forme serrée* (SER)

Écriture inclinée vers la gauche, à tendance calligraphique et arrondie. Remarquez le serrement des lettres à l'intérieur des mots, l'écrasement des *a, o, s, r*...
Pression inégale, épaississement de certains traits.

# FORMES SIMPLIFIÉE ET SURÉLEVÉE : SIM + SUR

Une complicité précieuse réunit ces deux partenaires sur le plan de l'intelligence et de l'esthétique. Tous deux ont des goûts « supérieurs » et le désir de se dépasser eux-mêmes, en toutes circonstances et à plus forte raison dans le domaine de l'affectif. Les exigences de rayonnement de SUR s'associeront aux intuitions de SIM pour donner corps aux ambitions de l'un et à l'originalité de l'autre. Mais cette similitude se doit de rester « intelligente » car, à défaut, SIM sera agacé par le penchant à l'ostentation de son partenaire. SIM est pudique dans l'expression de ses sentiments tandis que SUR déclame ses passions, ou tout au moins les enjolive.

Sur le plan des comportements affectifs et amoureux, SUR sera ravi de trouver chez son partenaire SIM un « je ne sais quoi » de motivant, créatif, indépendant et chaleureux. Dans son ambition et son orgueil, SUR s'irritera de ne pouvoir régner à temps complet sur ce partenaire si attachant. Et les rôles seront pour une fois inversés. SIM montrera à SUR comment se dépasser perpétuellement dans des sentiments passionnés mais tolérants, apparemment sobres mais néanmoins admirables. SUR, doué de grandes exigences et trop amateur de panache, exaspérera périodiquement SIM. Celui-ci cherchera à connaître les énergies profondes de son partenaire plutôt que de le juger d'après ses vantardises. Et la conclusion tombera comme un couperet : si SUR n'est rien d'autre qu'un orgueilleux complexé, un despote compensant une insécurité intérieure, SIM s'éloignera sans mot dire, mais non sans amertume. Inversement si SIM, par excès d'absolu, d'évasion et d'originalité, en arrive à manquer de substance charnelle, et par là-même, à se momifier dans une aridité intérieure, SUR ira chercher d'autres partenaires pouvant lui donner une meilleure conscience de sa propre valeur.

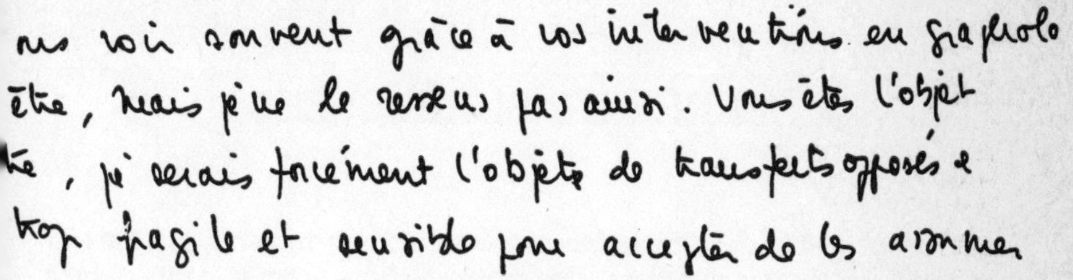


*Forme simplifiée* (SIM)

Écriture irrégulière mais harmonieuse. A noter les simplifications des lettres *l, j, f, g...*
Pression nourrie, souple avec quelques épaississements.

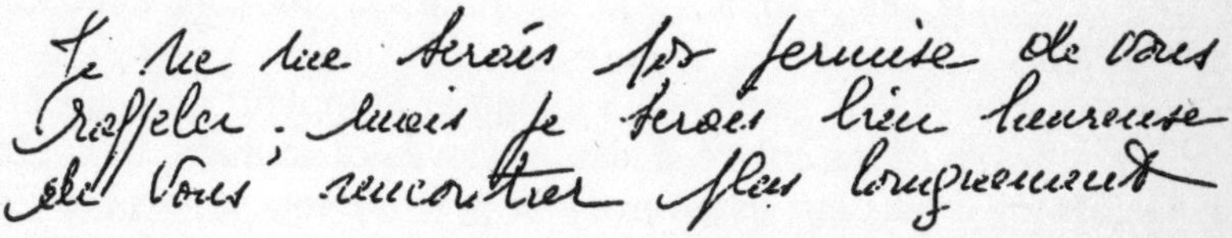


*Forme surélevée* (SUR)

En particulier, surélévation des lettres *s, p, j...*
Pression maigre, avec des « blancs ».

## FORMES SERRÉE ET SURÉLEVÉE : SER + SUR

Il n'existe guère de similitudes entre les comportements affectifs et amoureux de ces deux êtres. Des contradictions sont évidentes entre les ambitions dynamiques et expansives, le rayonnement, le goût du prestige, les grands projets et grandes espérances de SUR et les attitudes « anonymes » de SER. SER semble porter un masque, tant ses vrais désirs et sentiments sont escamotés. Il veut de la précision, de l'ordre et de la fidélité, et il craint de se laisser surprendre par des élans de cœur qui, dans son optique, ne peuvent que le faire souffrir. Or, tel n'est pas le cas pour SUR qui exprime ses émotions avec force et ostentation.

Il est certain que SUR a tendance à exagérer l'ampleur et la sincérité de ses sentiments. Il les colore d'idéaux élevés et souhaite des futurs admirables. Or il ne peut espérer de la part de son partenaire SER qu'il souscrive à ses ambitions optimistes et enthousiastes. SER a une nature trop timide, réservée, modeste et surtout secrète pour pouvoir l'épauler. A l'inverse de SUR, qui s'acharne constamment à paraître, SER fait des efforts pour se concentrer et sembler plus petit qu'il ne l'est peut-être déjà. Alors que SUR « fait de l'ombre » tellement il se pense grand, SER a « peur de sa propre ombre »! Des problèmes de communication sont à prévoir. D'autant que, s'il y a conflit, les tendances de chacun deviendront obsessionnelles. SUR se lancera dans des diatribes pleines de cynisme, de critique et de mépris. Quant à SER, trop attaché à ses silences, il se recroquevillera et optera pour l'incommunicabilité.

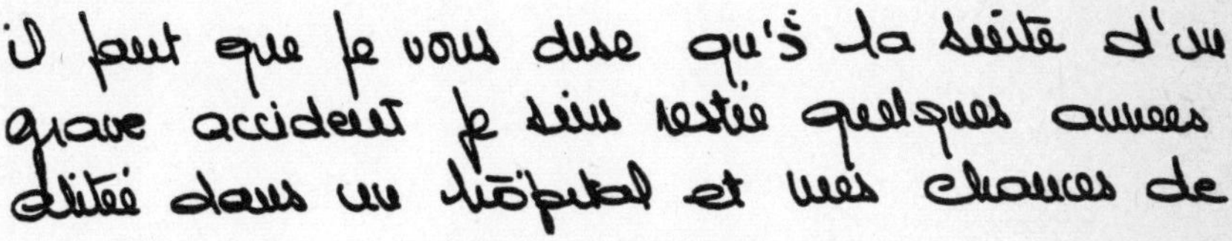


*Forme serrée* (SER)

A noter, l'écrasement des lettres *s, r, l*...
Pression ferme, dure, avec des inégalités d'encrage.

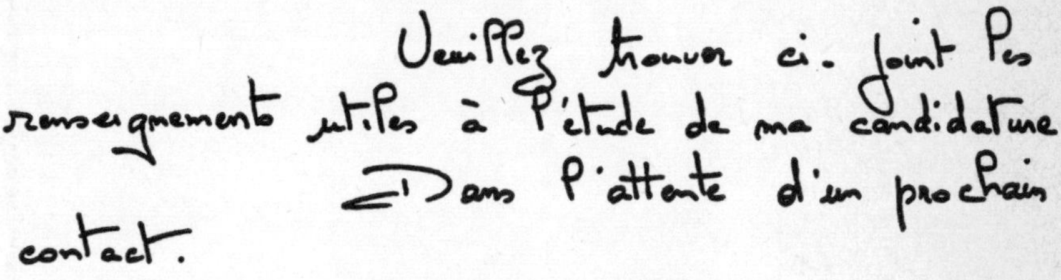


*Forme surélevée* (SUR)

Observez la surélévation des lettres *j* et *l*.
Écriture plutôt verticale, avec des simplifications et des formes en croix. Les surélévations correspondent davantage à une prolongation des traits vers le haut.
Pression plutôt floue, mélange de dureté (acération barres des *t*) et de mollesse (lettre *m*).

TROISIÈME PARTIE

# TABLEAUX RÉCAPITULATIFS

# LA FORME DES LETTRES

**La forme des lettres renseigne sur les comportements en général. Elle indique les manières d'être et le degré d'adaptation vis-à-vis de l'extérieur. La personnalité, est-elle en général souple ou autoritaire, classique ou fantaisiste...?**

Partenaire B

| FORMES | CALLIGRAPHIQUE | ARRONDIE | ANGULEUSE | SIMPLIFIÉE | INÉGALE |
|---|---|---|---|---|---|
| CALLIGRAPHIQUE<br>scolaire, classique | **1**<br>similitude de force tant que l'amour physique existe, ensuite similitude de faiblesse, routine, ennui, manque de fantaisie | **2**<br>différence de force : B s'adapte à A et ne lui reproche pas ses « manies », harmonisation dans la raison, l'équilibre et le juste milieu | **3**<br>différence de faiblesse, discussions et reproches; A sera dominé par B et souffrira en silence, B appréciera la discipline de A | **4**<br>différence de force tant que le physique fonctionnera, puis installation dans une vie intellectuelle pratique, confortable; B profitera du classicisme de A | **5**<br>différence de faiblesse : B ne supportera pas la discipline de A, A sera agacé par les « infidélités » de B |
| ARRONDIE<br>ronde, en guirlande, en anneaux | VOIR 2 | **6**<br>similitude de force; harmonisation, tranquillité d'esprit et de cœur; risque de passivité commune | **7**<br>différence de faiblesse, danger de heurts; A sera « soumis », blessé, et se sentira mal aimé; B sera méprisant envers les faiblesses de A | **8**<br>différence de force : amour et intelligence seront au rendez-vous | **9**<br>différence de faiblesse : risque d'infidélité de B, de trop grande soumission de A aux caprices de B |
| ANGULEUSE<br>en angle, acérée, en triangle | VOIR 3 | VOIR 7 | **10**<br>similitude de faiblesse, trop d'agressivité | **11**<br>différence de force si B reste souple, tolérant | **12**<br>différence de faiblesse, A sera méprisant et agacera B |
| SIMPLIFIÉE<br>dépouillée, sans « fioritures » | VOIR 4 | VOIR 8 | VOIR 11 | **13**<br>similitude de force : addition de deux « intelligences » | **14**<br>différence de force si l'intelligence est au rendez-vous |
| INÉGALE<br>formes différentes | VOIR 5 | VOIR 9 | VOIR 12 | VOIR 14 | **15**<br>similitude de faiblesse; trop d'instabilité, d'infidélité |

Partenaire A

# LA DIMENSION DES LETTRES

La dimension des lettres traduit la « mesure » que l'on a de soi. Elle permet d'évaluer l'estime ou la mauvaise opinion que l'on a de soi. Enfin, elle renseigne sur le degré d'orgueil, de confiance en soi, ou de réserve et de timidité.

Partenaire B

| DIMENSIONS | MOYENNE | GRANDE | PETITE | SURÉLEVÉE | IRRÉGULIÈRE |
|---|---|---|---|---|---|
| **MOYENNE**<br>hauteur du corps des lettres : 2 à 3 mm<br>hampe : 7/9 mm<br>jambage : 7/9 mm | **1**<br>similitude de force | **2**<br>différence de force si A admire B; sinon, avec le temps, agacement de A et critiques de B | **3**<br>différence de force si A admire B; B fera un complexe devant les critiques de A | **4**<br>différence de force si A admire B, sinon exaspération, B trouvera A trop « mesquin » | **5**<br>différence de faiblesse : A sera « déboussolé » par B, B s'ennuiera |
| **GRANDE**<br>plus de 3 mm, hampe et jambage dépassant 9 mm | VOIR 2 | **6**<br>similitude de faiblesse, trop d'ambitions se heurteront, risque de surenchère | **7**<br>différence de faiblesse à moins que l'amour soit absolu et que A admire B, sinon mépris de A et malaise de B | **8**<br>différence de force si B est « à la hauteur » et le reste; A doit admirer B, B doit être tolérant | **9**<br>différence de force si A admire B, à défaut, agacement |
| **PETITE**<br>moins de 3 mm de haut | VOIR 3 | VOIR 7 | **10**<br>similitude de force tant qu'il y aura attraction, ensuite ennui, solitude à deux, mesquinerie | **11**<br>différence de force si B admire A | **12**<br>différence de faiblesse; B risque de faire souffrir A par sa mobilité et ses « infidélités » |
| **SURÉLEVÉE**<br>certaines parties des lettres dépassent les dimensions correctes | VOIR 4 | VOIR 8 | VOIR 11 | **13**<br>similitude de force : besoin identique d'élévation, accord « spiritualisé » | **14**<br>différence de force, possibilité d'entente si B admire A |
| **IRRÉGULIÈRE**<br>lettres de dimension variable | VOIR 5 | VOIR 9 | VOIR 12 | VOIR 14 | **15**<br>différence de faiblesse, risque d'instabilité totale, mais aussi complicité |

Partenaire A

# LA DIRECTION DES LIGNES

**La direction des lignes renseigne sur l'intensité, la spontanéité et le contrôle des enthousiasmes et des ambitions. Elle indique la manière d'appréhender le futur. Les attitudes vis-à-vis des choses à venir sont-elles souples, rigides, habiles, optimistes ou pessimistes?**

**Partenaire B**

| DIRECTIONS | MONTANTE | HORIZONTALE | DESCENDANTE | SINUEUSE |
|---|---|---|---|---|
| **MONTANTE** ligne montante | **1** similitude de force : enthousiasme, ambition, mais aussi surenchère « d'élévation » | **2** différence de force : A calme B | **3** différence de force : tant que A peut aider B, puis ennui de la part de B | **4** différence de force si B admire A |
| **HORIZONTALE** ligne horizontale | VOIR 2 | **5** similitude de force tant qu'il y a amour et attraction physique, ensuite « sclérose » dans des habitudes rigides | **6** différence de faiblesse, A finira par mépriser B, B se sentira incompris; trop de sévérité et de discipline | **7** différence de faiblesse, A ne comprendra pas B, B s'ennuiera |
| **DESCENDANTE** ligne descendante | VOIR 3 | VOIR 6 | **8** similitude de faiblesse : deux dépressifs ensemble | **9** différence de faiblesse sauf si B aide A à « refaire surface » |
| **SINEUSE** ligne serpentine | VOIR 4 | VOIR 7 | VOIR 9 | **10** différence de force si l'amour est fort, complicité; sinon, différence de faiblesse par excès d'impatience, de versatilité |

**Partenaire A**

# L'INCLINAISON DES LETTRES

L'inclinaison des lettres indique les dispositions relationnelles. Le degré de l'inclinaison choisie, le plus souvent inconsciemment, renseigne sur les attitudes vis-à-vis du monde extérieur et des autres. Sont-elles spontanées, modérées, réfléchies, bloquées...?

**Partenaire B**

| INCLINAISONS | VERS LA DROITE | VERTICALE | VERS LA GAUCHE | IRRÉGULIÈRE |
|---|---|---|---|---|
| VERS LA DROITE<br>inclinaison entre 40/50 degrés | **1**<br>similitude de force | **2**<br>différence de force si B admire A, sinon manque de souplesse de A qui agacera B | **3**<br>différence de faiblesse sauf si A « aide » B : une sorte de mission | **4**<br>différence de force s'il y a amour et admiration réciproque |
| VERTICALE<br>tracé à angle droit avec la ligne de base | VOIR 2 | **5**<br>similitude de force mais, à la longue, risque de sévérité et de rigidité | **6**<br>différence de faiblesse à moins que A n'aime B au point de l'aider à « guérir » | **7**<br>différence de faiblesse : A ne supportera pas les « caprices » de B, B se lassera de la discipline de A |
| VERS LA GAUCHE<br>tracé incliné entre 90/150 degrés | VOIR 3 | VOIR 6 | **8**<br>similitude de faiblesse : deux êtres à problèmes ensemble | **9**<br>différence de faiblesse si A reste trop longtemps en état de fatigue et de dépression |
| IRRÉGULIÈRE<br>inclinaison variable | VOIR 4 | VOIR 7 | VOIR 9 | **10**<br>similitude de force ou de faiblesse : complicité en tout, y compris dans l'impatience et la versatilité |

**Partenaire A**

# LA PRESSION DU TRACÉ

**La pression indique l'intensité des énergies et des instincts. Elle donne la consistance et le poids des forces vives. Sont-elles légères, superficielles, molles, dures ou brutales...?**

Partenaire B

| PRESSION | NORMALE | ÉPAISSE | LÉGÈRE | MASSUÉE | MOLLE |
|---|---|---|---|---|---|
| NORMALE | **1** similitude de force : énergie identique | **2** différence de force; si A admire B, stimulation de A, sinon, différence de faiblesse, A sera agacé par les besoins de sensations de B | **3** différence de force s'il y a complicité intellectuelle et tendresse | **4** différence de force s'il y a amour et admiration réciproque, sinon A sera agacé par les excès de B | **5** différence de faiblesse; A sera déçu par B |
| ÉPAISSE<br>tracé lourd et lent | VOIR 2 | **6** similitude de force pour des créations communes, identique besoin de sensations | **7** différence de faiblesse, risque de reproches et de critiques de A pour les « faiblesses » de B, mais forte attraction sensuelle | **8** différence de faiblesse | **9** différence de force s'il y a amour physique intense; risque d'enlisement dans des habitudes |
| LÉGÈRE<br>tracé fin, peu d'encrage | VOIR 3 | VOIR 7 | **10** similitude de force s'il y a amour et admiration; risque d'installation dans une vie dépouillée; attraction mystique | **11** différence de faiblesse, A ne supportera pas les excès de B, B sera agacé par le côté « aérien » de A | **12** différence de faiblesse |
| MASSUÉE<br>épaississement en fin de trait | VOIR 4 | VOIR 8 | VOIR 11 | **13** similitude de faiblesse, risque d'échauffements et d'explosions | **14** différence de faiblesse; B souffrira des sarcasmes de A |
| MOLLE<br>pression molle pâteuse, tracé en courbe | VOIR 5 | VOIR 9 | VOIR 12 | VOIR 14 | **15** similitude de faiblesse, trop de mollesse en tout |

Partenaire A

# Table des matières

*Cet ouvrage a été réalisé sur*
*Système Cameron*
*par la SOCIÉTÉ NOUVELLE FIRMIN-DIDOT*
*Mesnil-sur-l'Estrée*
*pour le compte des Éditions R.M.C.*
*le 18 décembre 1987*

***Imprimé en France***
**Dépôt légal : décembre 1987**
**N° d'édition : 88002 – N° d'impression : 7878**